HISTORIQUE DU DIOCÈSE DE CHARTRES.

# NOTRE-DAME DE LA BRÈCHE.

# NOTICE HISTORIQUE

SUR

# NOTRE-DAME DE LA BRÈCHE,

SUIVIE

## DES PRIÈRES DE LA PROCESSION

ET

## DE LA MESSE PROPRE

du 15 Mars,

Et de plusieurs anciennes pièces de chant et poésies sur la délivrance de la ville de Chartres.

CHARTRES,

GARNIER, Imprimeur-Libraire de Mgr. l'Evêque,
Place des Halles, nos 16 et 17.

1843.

# NOTRE-DAME DE LA BRÈCHE.

La ville de Chartres, si souvent nommée par les anciens auteurs la ville de la Vierge, justifie ce titre par un grand nombre de monuments de sa piété et de sa reconnaissance envers la mère de Dieu. L'incomparable Basilique, chef-d'œuvre où l'art chrétien a épuisé toutes ses industries, et payé le plus riche tribut d'amour à l'auguste Dame de Chartres, voit se grouper autour d'elle un essaim de souvenirs pieux. A peine peut-on faire quelques pas dans la cité et dans ses alentours, sans y retrouver, sous mille formes, le nom de Marie : *Carnotum...., ubì omnia Mariam sonant,* a dit un vieux géographe chrétien, Chasseneux, en son Catalogue de la gloire du monde. Les huit portes du mur d'enceinte, celles qui séparaient les divers quartiers de la ville, ou qui fermaient le cloître, étaient toutes ornées d'une statue de Notre-Dame, surmontée ordinairement de la légende *Carnutum Tutela.* La porte Guillaume, la porte Morard, et le porche septentrional du cloître, seuls débris échappés au système niveleur, conservent encore leur *Tutèle.* De nombreuses madones étaient distribuées çà et là au coin des rues, sur les ponts, et au frontispice des maisons particulières : La rue Chantault, la rue Muret, la ruelle de la Barre des Prés, le Bourg-Neuf, le faubourg de la Grappe, le carrefour St-Brice, etc., nous offrent encore de ces petits monuments domestiques; mais la lampe, qui brûlait ordinairement devant eux, s'est éteinte. Le pont de l'*Ave Maria* a triomphé du nom de *Pont de la Fédération*, que la République lui avait donné; et le pont des *Trois Ave* garde toujours sa statue avec l'inscription du quatrain de Pibrac :

Si l'amour de Marie
En ton cœur est gravé,
En passant ne l'oublie
De lui dire un Ave.

Les Prés *des Reculés*, la porte *des Espars* redisent depuis neuf siècles les prodiges de Celle qui est plus forte qu'une armée rangée en bataille. Les jeunes filles, après les pieux cantiques du Rosaire, vont encore par troupes, le Dimanche soir, déposer leurs prières avec les bluets des champs autour de *Notre-Dame de Vau-Roul*, plus communément *des Vaux-roux*. Les bons villageois de la Beauce, du Thimerais et du Perche, enfants jadis si fidèles et vassaux si dévoués de la sainte Dame de Chartres, répètent encore sans s'en douter le nom de leur Suzeraine dans une exclamation qui leur est propre et qui n'a pas échappé aux observateurs : *Tré-Dame* ou *Ter-Dame!* abréviation si évidente de *Notre-Dame!* — Cent neuf églises conventuelles ou paroissiales étaient dédiées à la Sainte Vierge au 13e siècle dans l'étendue de l'ancien territoire de Chartres; depuis l'érection des diocèses de Blois et de Versailles, plus de 50 paroisses, annexes et chapelles partagent encore avec la Cathédrale le patronage de Notre-Dame. Le gracieux nom de Marie, revendiqué par plusieurs de ces paroisses, n'a pas complétement disparu sous la dénomination communale qu'elles portent aujourd'hui, nonobstant les altérations faites à l'orthographe du 13e siècle : *Dame-Marie*, *Mar-ville*, *Les Chastelliers-Nostre-Dame*, etc. Parfois ces églises possédaient une statue de Notre-Dame taillée et sculptée à l'instar d'une des vierges célèbres de la Cathédrale (*la Nostre-Dame de Soubs-terre*, *la Notre-Dame de Bon Secours*, *la Vierge Noire du Pilier*, *Notre-Dame Blanche*, *Notre-Dame de la belle Verrière*); et cette sorte d'affiliation à la Vierge de Chartres, était un titre de gloire d'où une de nos paroisses tire son nom : *Notre-Dame de Mère-Eglise*.

Deux des plus célèbres filles de Notre-Dame de Chartres subsistent encore dans l'ancienne circonscription diocésaine : *Nostre-Dame du Mont-Arou, à Monstiers au Perche*, et *Nostre-Dame de Pitié, à Longny*. La *Sancta Camisia*, qu'on retrouve dans les vitraux de cette dernière chapelle, atteste la suzeraineté de l'église et du chapitre de Chartres. Souvent les pieux villageois du Perche, accourus de cinq ou six lieues aux pieds d'une de ces madones, y faisaient le vœu d'accomplir le pélerinage de Chartres, s'ils obtenaient de la *bonne Saincte Vierge* la grâce demandée.

Parmi les mille rejetons qui croissaient à l'ombre de l'auguste Basilique de la Dame Chartraine, il en est un que la tempête avait renversé, et que des mains pieuses relèvent en ce moment : inspiration qui mérite d'être bénie. C'est une assez triste chose qu'un amas d'hommes et de maisons. Parmi les miasmes infects de nos cités, il n'y aura jamais trop de sanctuaires pour la prière et l'expiation, trop d'abris pour la vertu et le repentir. Tâchons de conserver à nos villes les dernières traces de l'empreinte surnaturelle que les âges chrétiens leur avaient donnée. La froide main d'une société matérialiste n'a que trop sécularisé tout ce qui nous entoure ; luttons contre l'action délétère de ces siècles sans foi, sans prévoyance et sans amour, prosaïquement acharnés à *dissacrare tuttò ciò che v'è di bello e di santo* , selon la belle expression de Silvio écrivant à un de nos jeunes compatriotes.

La modeste chapelle de Notre-Dame de la Brèche, et la procession que le Chapitre de la Cathédrale y faisait chaque année le 15 mars, se rattachent à des faits non moins intéressants pour le sentiment national que pour la piété chrétienne. L'énergique défense de la ville, assiégée par les Protestants, rappelle un des exploits les plus glorieux de nos compatriotes, en même temps qu'un des plus signalés bienfaits de Celle « qui a détruit à elle seule toutes les hérésies de l'univers. »

L'histoire du Protestantisme est encore à faire. Luther et Calvin viennent d'être démasqués par une main habile : c'était le commencement de l'œuvre. Maintenant que l'arbre est connu, il reste à apprécier le fruit à sa juste valeur. Le jour de la vérité viendra ; il approche. L'histoire se lassera de dissimuler ou d'amnistier les féroces initiatives de l'insurrection huguenote, pour n'insister que sur les égarements et les excès passionnés d'une défense légitime. Que chaque province compulse ses monuments ; et, après une sérieuse étude des faits respectifs , l'histoire pourra finir par comprendre qu'elle a servi d'écho trop complaisant aux criailleries du loup, et qu'elle n'avait pas compté tous les agneaux mangés par cette intéressante bête, pour laquelle elle a réservé si long-temps et si exclusivement toute sa sympathie.—En ce qui concerne le pays chartrain, les chiffres sont là. Nous sommes prêt à montrer que si la Saint-

Barthélemy n'a pas même égratigné un seul Protestant de la contrée, en revanche il y a eu trente *Saint-Barthélemy* des Huguenots contre les Catholiques. Le récit des événements dont Notre-Dame de la Brèche consacre le souvenir, nous offrira quelque *specimen* de la cruauté impie et sanguinaire du parti protestant.

Les hérétiques, ayant à leur tête le prince de Condé, qu'ils avaient proclamé roi sous le nom de Louis XIII, venaient de prendre Blois et se dirigeaient sur Chartres. Cette ville, très-importante alors, avait grandement démérité aux yeux de la Réforme. Marot, l'enfant gâté du parti, avait été atteint par une courageuse sentence de l'évêque de Chartres, Louis Guillard, qui, sans égard pour le poète, avait fait incarcérer le prédicant dans la geôle de l'officialité. Depuis ce temps, malgré la protection publique de la duchesse Renée, et l'orthodoxie équivoque du second Guillard, la nouvelle doctrine n'avait pu se populariser parmi ce peuple obstinément Catholique, qui réparait par de solennelles processions l'injure faite à sa Vierge Noire, qui déchirait et livrait aux flammes les placards blasphématoires affichés au coin des rues, et qu'on vit plus tard poursuivre à coups de pierre, jusque dans le carrosse de l'évêque, un moine des Vaux de Cernay qui avait avancé des propositions hérétiques dans la chaire de Notre-Dame. Le *roi des Huguenots*, en particulier, avait gardé rancune à cette ville de Chartres; il se souvenait de *la Renardière*. Ainsi se nommait la prison de l'abbaye de St-Père, où il avait été enfermé à la suite de la bataille de Dreux. Aussi avait-il juré « qu'il désoleroit l'église de Notre-Dame, » jetteroit au vent ses reliques, et feroit manger son » cheval sur le grand autel d'icelle (1). » Le prince était

(1) Challine, page 176.

accompagné de son neveu, D'Andelot, dont le seul nom faisait frissonner de peur les Catholiques. Ce sectaire « haïssoit tellement les prestres, qu'il avoit faict un » collier de leurs aureilles, disant priser davantage le » dit collier que celui de l'ordre du roy. La première » chose qu'il faisoit, arrivant dans une ville, estoit de » faire épandre le sang de ceulx de cet ordre sur les » autels dédiés pour le sacrifice du sang du fils de Dieu, » comme pour expiation de l'idolastrie qu'ils imposaient » au peuple (1). »

Le 1er mars 1568, la ville se trouva investie. Elle était défendue au-dedans par Anthoine de Linières, chevalier des ordres du Roi, envoyé par lui à cet effet avec deux compagnies de cavalerie et cinq enseignes d'infanterie. Jean de Bourdeilles, baron d'Ardelay, frère du célèbre abbé de Brantôme, avait été également introduit dans la ville avec six compagnies de Gascons, que leur défaut de discipline avait fait repousser quelque temps par les habitants. La nécessité d'enlever à l'ennemi des abris favorables pour l'attaque, fut cause de la destruction de plusieurs monuments de très ancienne fondation, situés dans les faubourgs. On vit disparaître en un même jour le couvent des Cordeliers avec sa magnifique bibliothèque, au faubourg des Epars; l'abbaye de Saint-Jean, précieuse création du grand Yves de Chartres, qui avait voulu que son corps reposât au milieu de ses frères les chanoines réguliers; enfin, l'hôpital des Six-vingts aveugles, fondé dès le 13e siècle au faubourg Saint-Maurice, à l'instar de celui des Quinze-vingts à Paris.

Les efforts des assiégeants se portèrent principalement

---

(1) Souchet, page 486.

du côté de la porte Drouaise. Le clocher de l'église de St-Maurice permettait de voir ce qui se passait dans cette partie de la ville, dominée d'ailleurs par le côteau du Clos-l'Evêque.

Il existe à la Bibliothèque de la ville de Chartres, un tableau qui retrace d'une manière frappante et conforme aux récits des historiens, les principaux détails du siège.

Ce fut le 6 mars au matin que les Protestants ouvrirent le feu contre la porte Drouaise avec cinq pièces de canon, tandis que quatre autres, placées en arrière des Filles-Dieu, prenaient en flanc les défenses. Le lendemain, un pan de mur de vingt pas de long était renversé; l'ennemi s'était emparé du ravelin qui couvrait la porte, et dont l'occupation rendait la prise de la ville inévitable.

Si le Ciel n'avait inspiré dans ce moment une résolution courageuse, le triomphe des hérétiques était assuré. Mais le gouverneur apprend le danger; il appelle ses capitaines, échange avec eux la promesse de vaincre ou de mourir, et, après leur avoir serré la main, il s'élance à leur tête sur deux planches jetées en travers du fossé à la place du pont détruit par le canon. Quarante volontaires le suivent, et leur attaque est si impétueuse, qu'après avoir perdu deux cents des siens, l'ennemi est chassé de cette position qu'il ne put jamais reprendre.

En même temps échouait, du côté de la porte Saint-Michel, une tentative d'escalade, qui n'eut d'autre résultat fâcheux que la mort du brave d'Ardelay.

Comprenant qu'il fallait revenir vers la porte Drouaise, le prince de Condé changea ses batteries et les dirigea contre la Tour des Herses et les murailles adjacentes. L'artillerie dura, le 9 mars, depuis six heures du matin jusqu'à neuf heures du soir. Une brèche de trente pas de long fut ouverte, et la Tour des Herses fut renversée au milieu de l'Eure. Mais déjà Linières, aussi actif qu'intrépide, avait élevé en arrière un retranchement si formidable, que les assiégeants n'osèrent donner l'assaut; et, après une nouvelle et inutile attaque du ravelin, ils abandonnèrent les fossés où ils étaient écrasés par le feu de la *huguenote*. C'était une forte pièce de canon, enlevée aux Protestants et amenée à Chartres après la bataille de Dreux; on l'avait placée sur une plate-forme qui existe encore entre le couvent des Jacobins (aujourd'hui des Sœurs de St-Paul) et la porte Drouaise. Elle rendit tant de services dans ce siège, que les habitants la reconnurent gaîment pour *bonne catholique*.

Le 12 mars, une hostilité d'un nouveau genre commence : la rivière ayant été détournée, les moulins à bras ne suffisent pas pour approvisionner la ville qui redoute la famine et plus encore la réduction ; chacun frémit à l'idée des meurtres, des profanations dont on est menacé: quand, au grand étonnement de tous, un messager arrive, annonçant la suspension d'armes, et, le 15 au matin, l'ennemi se retire. S'il en fallait croire nos manuscrits, les Protestants avaient perdu 3,500 hommes, tandis qu'il n'en était mort que 250 du côté de la ville. Nos pères ne balancent pas à reconnaître là le doigt de Dieu, la protection de la Vierge, Patronne et Dame de leur cité, et le secours de St Lubin, évêque de Chartres, dont le quatorzième jour de mars était alors la principale fête.

En effet, outre l'intervention générale de la Providence dans les événements humains, plusieurs circonstances du siège justifièrent la pieuse persuasion des habitants. Par exemple, nous avons vu que le véritable danger pour la ville avait été dans l'occupation du ra-

velin de la porte Drouaise. Or, tandis que toute la population était en prières, et que la sainte grotte souterraine regorgeait d'hommes, de femmes, d'enfants qui ne cessaient d'implorer la glorieuse et puissante Dame de Chartres, quelque chose de merveilleux se passait. Une statue de la Vierge surmontait la porte Drouaise, avec l'inscription : *Carnutum Tutela*. Les Huguenots « se
» gabans que Marie pouvoit autant en icelle ville que
» Diane en Ephèse, et prenans la dite image pour object
» de leur rage et fureur, tirèrent contre icelle tant de
» coups de canons et artilleries, que tout ce qui estoit à
» l'entour demeura fouldroié jusqu'à quatre doigts près,
» selon que les vestiges y sont ores récents : néanmoins
» ils ne peurent jamais atteindre la dite saincte image...
» Et ce fut à leur courte honte qu'ils l'esprouvèrent pour
» Dame tutélaire de Chartres : d'autant que repoulsés,
» plustôt par sa puissance que des armes humaines,
» ils furent contraints après grande perte et tuerie de
» leurs gens de rebrousser arrière, et donner encore
» pour la seconde fois le nom aux Prés des Reculés au
» milieu des quels ils avoient superbement dressé leurs
» tentes exécrables (1). »

N'est-ce pas ce fait qui a donné lieu à la tradition si répandue dans le pays chartrain, et dont notre enfance à tous a été bercée, savoir : « Que la sainte Vierge recevait les balles ennemies dans son tablier ? » Ou bien faut-il en croire le récit plus merveilleux d'un de nos historiens, qui assure « que les Huguenots s'estant ap-
» prochés (le 9 mars) pour entrer dans la ville par la
» brèche qu'ils avoient faite, il se trouva qu'il se pré-
» senta, sur la dite brèche, à leur opposite, une grande

---

(1) Rouillard, pag. 104, 105.

» Dame tenant un enfant dans ses bras, contre laquelle » ils se mirent à tirer et à redoubler avec grandes des» charges de parolles injurieuses, sans qu'ils pûssent » l'atteindre ny la frapper aucunement : au contraire » les balles qu'ils tiroient tomboient sans effect ni force » aux pieds de la muraille, et eux pensant entrer se » trouvoient recullés : Ce que les Chartrains aians re» connu, et que c'estoit la Sainte Vierge qui avec son » cher fils prenoient visiblement la deffance de la ville » en main, les ecclésiastiques et sexe féminin se mirent » en prière, et les hommes en estat de porter les armes » s'assemblèrent et firent sortie sur les assiégants qu'ils » repoussèrent vigoureusement (1) *. »

Les Huguenots se retirèrent pleins de dépit et de fureur. Ils avaient compté sur le pillage de la ville et de l'église, dont le trésor, qui passait pour un des plus riches de la chrétienté, leur promettait un gros butin. Le prince de Condé avait même vendu à l'avance les plombs de la Cathédrale; « mais, dit naïvement le chanoine Souchet,

---

(1) Challine, page 177.

* Un de nos compatriotes a mis en vers cette tradition du pays dans une Ballade sur les chroniques chartraines :

Le canon battait nos murailles ;
La Vierge, comme un bouclier,
Au choc terrible des batailles
Opposait son blanc tablier;

Et, comme la pomme indiscrète,
Que, sous le feuillage tremblant,
. . . . . . . . . . . .
. . . . . . . . . . . ,

Le plomb, dans sa course rapide,
Devant la Vierge se courbait,
Et l'obus, au vol homicide,
Sans bruit, dans son giron tombait.

L. Joliet, Poésies fugitives à la suite du *Giaour*, page 142.

il ne put les livrer : d'autant que la Vierge glorieuse deffendit cette ville, qu'elle recongnoit comme sienne, contre ses haîneux et de son fils ; ce qui se peut tenir pour constant par les vestiges des balles qui se voient dessus, dessoubs et à costé de l'image de la Vierge en grand nombre ; desquelles, par un signalé miracle, pas une ne toucha le dit image, quoique les Huguenots eûssent tiré contre plus de mille coups. » Les rimes dont ces forcénés hérétiques se souillèrent en se etirant, prouvèrent assez aux Chartrains combien ils evaient rendre grâces au ciel de leur délivrance. Les glises de la Maladrerie Saint-Georges (aujourd'hui la erme de la Banlieue), de St-Barthélemy, de St-Cheron, u Grand-Beaulieu, de Morancez, de l'Abbaye de l'Eau, tc., furent pillées, profanées, incendiées. On trouva ans l'église des Filles-Dieu les corps à demi brûlés de lusieurs ecclésiastiques tombés entre les mains de ces onstres. Un religieux dominicain qui avait été « attaché ur un gril, et posé sur les charbons comme un saint aurent, » ne fut sauvé de la mort que par une intercention surnaturelle et un prodige que Nicolas Lefebvre oentionne au long dans un de ses discours sur l'établisement de son Ordre à Chartres. L'étude des histoires articulières de nos abbayes et de nos paroisses, révèle nille atrocités semblables de la part de ces inoffensifs Protestants, qu'on est convenu aujourd'hui de regarder omme d'innocentes et malheureuses victimes du faatisme catholique.

La population chartraine ne se montra pas ingrate à a suite de cet heureux événement. De nobles courages 'étaient signalés pendant le siège, et le ciel avait fait entir son assistance. Redevable *au glaive du Seigneur* t *au glaive de Gédéon*, la ville voulut consacrer à la fois le souvenir des hommes héroïques et celui de la protection divine.

Sur la muraille rebâtie à l'emplacement de la Brèche c'est-à-dire entre la porte Drouaise et l'Eure, par décision de MM. de la ville, du 24 août 1568 (1), *fu engravé l'épitaphe suivant,* qu'on y lit encore fort distinctement :

POSTERITATI.

Dùm nova relligio studia in contraria scissas
Gallorum mentes agit, et bello omnia miscet,
Carnutum premitur magnâ obsidione, globisque
Machina sulphureis oppugnat mœnia, quæ nunc
Sarta et tecta vides. Salva incolumisque remansit
Urbs, duce Lignerio, populi curâque fidelis,
Atque manu parvâ numerosum reppulit agmen.
Quàm pro rege suo, patriâque, arisque, focisque
Sit pulchrum pugnare, atque hosti cedere nunquàm,
Exemplo hoc discant nati, serique nepotes.

Carnutum obsessum anno Domini M. D. LXVIII, pridiè kal Martii. Solutum obsidione Idibus.

La même inscription se retrouve en vers hexamètres et pentamètres, moins élégants peut-être, mais plus religieux :

Dùm nova relligio studia in contraria Gallos
Scindit, et insanus cogit ad arma furor;
Carnutum premitur magnâ obsidione, ruuntque
Crebrò conflictis mœnia fulminibus.
Sed Pater Omnipotens casus avertit acerbos,
Præstòque adest Urbi Virgo Beata suæ.
Et, duce Lignerio, clero adnitente potenter
Ac populo, hostiles terga dedêre manus.
Sic pro Rege tuo, patriâque, Arisque, focisque,
Disce patrum exemplo vincere Posteritas.

---

(1) Anciens Registres de la ville, t. 1. Ann. 1568 ; *Archives Mss. de l'Hôtel-de-Ville.*

*Mᵉ Sébastian Rovillard de Melvn, Aduocat en Parlement*, dans sa *Parthenie ou histoire de la Très-Avgvste et Très-Dévote Eglise de Chartres*, a exercé sa muse sur ces distiques, « lesquels, dit-il, se peuuent » paraphraser en cette rythme françoise :

« Tandis qu'vne nouuelle, et faulse opinion
» Diuise ès cœurs françois leur antique vnion :
» Et qu'on void çà et là onder à grosses flottes
» Les traistres estendars des troupes Huguenotes :
» Chartres est assiégé, et ses murs sont battus ;
» Mais qui ores de Tours et Dongeons reuestus,
» Tesmoignent que la VIERGE ha sauué cette ville
» Du furieux assault de la guerre civile :
» Lignière y estant chef sur maints bons citoiens,
» Qui n'y ont espargné leur vie, et leurs moiens.
» Appren par là combien c'est œuvre méritoire
» De deffendre sa FOY, et de son ROY la gloire :
» Appren-le sans oubli, ô race des Neueux,
» Et rechante l'honneur de tes braues ayeux. »

Jean Grenet, Conseiller au Baillage, auteur de cette inscription latine, fit imprimer en outre un poëme sur le siège de Chartres et sur la délivrance miraculeuse de la ville. Nous n'avons pu nous le procurer. Mais on verra que les muses chartraines continuèrent long-temps à s'exercer sur ce sujet patriotique et religieux à la fois.

Le 27 janvier 1569, l'époque anniversaire de l'heureuse délivrance approchant, MM. de la ville délibérèrent, et, « conformément au vœu des habitants, le 6 » février, on commet deux de MM. les Echevins pour se » transporter vers M. l'Evesque, retiré en son chasteau » et baronnie de Pont-göen, afin qu'il ordonne et statue » et rende célèbre et solemnel dans la ville et banlieue » de Chartres, à perpétuité, le Quinzième jour de mars, » en considération et reconnoissance du grand bénéfice

» que toute la ville et diocèse du païs chartrain a reçu » de Dieu au dit jour, l'ennemy ayant décampé et levé le » siège deuant la ville, et qu'il ordonne du service, ser» mons, et prières nécessaires avec processions géné» rales et autres choses requises (1). » Cette demande de la ville était trop conforme aux dispositions de l'Evêque et de son clergé, pour être refusée. Une ordonnance de Charles Guillard, datée de Pont-göen, institua la procession de Notre-Dame de la Brèche, qui fut célébrée pour la première fois le mardi 15 mars 1569. — Trois ans après, M^e^ Marie Sallier, Chanoine, annonça en Chapitre assemblé « qu'il désirait fonder à perpétuité la dite » fête de Notre-Dame de la Brèche ou de Notre-Dame » de la Victoire, en l'onneur de la Vierge, pour estre » célébrée par chacun an le 15^e^ jour du mois de mars, » pareil jour que, moyennant la grâce de Dieu, le camp » et assiegement fait par les ennemis de la religion » catholique, apostolique et romaine, fut levé de devant » ès environs de cette ville de Chartres.» Le fondateur dota le Chapitre à cet effet d'une somme de 2060 livres, formant 105 livres de rentes, qui, par suite d'un arrangement capitulaire, étaient perçues sur les Prestrières d'Archevilliers et Macelin. De ce revenu, « 75 livres » estoient affectées à la fondation de l'Office susdit, avec » Procession dans la ville, et Motet devant Notre-Dame » de la Brèche; les 30 autres livres, à l'obit solemnel » pour le repos de l'âme du dit Sallier (2). »

Cependant la chapelle de Notre-Dame de la Brèche n'existait pas encore; mais seulement, à l'emplacement

(1) Archives de la ville. Anc. Reg., t. 1. Ann. 1569.

(2) Archives du départem. — Fondations. E. Caisses 47 et 49. — Inventaire général, tom. 4. Fondations du 16^e^ siècle, n° 44.

où elle a été bâtie un peu plus tard, il y avait « une » Image de la Vierge, ayant une grand'robbe, soubs la » quelle au costé droit elle couuroit vn nombre d'Ecclé- » siastiques et habitans à genoux, et de l'aultre plusieurs » hommes armés, tirans contre la Vierge : en mémoire » des hagiomaques repoulsés par la dite Vierge. »

La procession de Notre-Dame de la Brèche se célébrait avec une grande solennité, puisque cette procession et celle de la Fête-Dieu « estoient les deux seules proces- » sions généralles ordinaires auxquelles les compagnies » séculières assistoient, assavoir le Baillage et Présidial, » le Corps de la ville et les autres corps, qui estoient » tenus de s'y rendre sans y estre invités (1). » Le clergé séculier et régulier de toutes les paroisses et *convents* d'hommes, de la ville et banlieue, faisait toujours partie de cette procession. Le cortège descendait la rue Muret, saluait la Vierge célèbre de la porte Drouaise, et s'arrêtait devant l'Image de Notre-Dame de la Brèche, au coin de la ruelle du Pont du Massacre; puis, il se rendait à l'église de Saint-André, « d'où, après avoir dict plusieurs » prières pour le repos des âmes de ceux qui sont tres- » passés dans la deffense de la ville, (chose tressainte, » puisqu'ils sont morts non seulement en Dieu, mais » pour Dieu mesme et son sacré service), on rentroit à » la Cathédrale. »

Les choses se passaient ainsi depuis plus de vingt ans déjà, lorsque, le 12 février 1591, Henri de Navarre vint mettre le siège devant Chartres. Nous espérons faire ressortir ailleurs toutes les circonstances trop peu connues de ce siège mémorable, qui forme assurément une des

---

(1) Archives du départem. — Cérémonies extraord. E. Caisse unique.

plus belles et des plus glorieuses pages de l'histoire de la Ligue. Les intrépides défenseurs de la ville montrèrent, dans leurs personnes, le véritable type du Ligueur Catholique. Oubliant tous les motifs d'opposition passionnée et d'intérêt particulier qui avaient pu se mêler à la naissance de la Ligue, les Chartrains résistèrent uniquement pour la défense de leur religion, et pour le maintien d'un droit écrit implicitement dans le pacte fondamental de la monarchie, et non moins incontestable que le principe même de la légitimité héréditaire : le droit du peuple français, essentiellement catholique, de n'être régi que par un Roi catholique. Du reste, ils ne cessèrent de témoigner la disposition où ils étaient de reconnaître Henri de Navarre pour leur souverain, dès l'instant que son retour à l'Eglise catholique lui rendrait ses titres au trône du Roi Très-Chrétien, Fils aîné de l'Eglise.

Il se passa durant le siège des choses si singulières, que les assiégeants eux-mêmes ne pouvaient s'empêcher de dire *que Dieu s'était fait Ligueur*. Le peuple, de son côté, donnait ses interprétations à tout ce qui lui semblait renfermer des présages. Le premier boulet qui fut lancé par les ennemis, passa par dessus la grande salle de l'évêché, et alla renverser les poteaux de ce qu'on appelait alors *la Chambre du Roy :* or, ceux de la ville tenaient pour certain que le premier complot de l'assassinat du duc de Guise avait été formé en cette chambre. Un autre boulet, non moins intelligent, alla chercher au milieu des autres cloches et briser en éclats la cloche *Renée*, ainsi appelée du nom de la Duchesse apostate. De là, que de conclusions? — Parmi toutes les prières qui se faisaient journellement aux pieds de la Madone pendant les deux mois que dura le siège, et les processions, tant à l'intérieur de l'Eglise haute et basse, que dans les rues de la ville, on n'oublia pas la procession de Notre-Dame de la Victoire. Elle fut célébrée le 15 mars 1591 avec une pompe inaccoutumée et un éclat extraordinaire, au son de toutes les cloches, dont la mélodie émerveilla le bon Henri, qui « défendit de tirer le » canon toute la journée, ne voulant pas qu'on troublât » la dévotion des habitans. » Le Roi dès lors valait mieux que la plupart des mauvais Catholiques qui s'étaient associés à sa cause, et sans les flatteries desquels il eût beaucoup moins tardé à abjurer ce culte *mal-né et trop jeune*, dont son esprit droit et son cœur généreux savaient faire justice. C'est ce que le maire de Chartres, Suyreau, répondait hardiment un jour au célèbre Biron, qui lui objectait que lui et plusieurs autres de l'armée du Roi de Navarre étaient Catholiques : « Nous vous réputons tels que vous êtes, lui disait-il, et plus méchans » que luy, traistres à vostre mère l'Eglise puisque vous » bataillés contr'elle : si vous ne flattiés point le Roy, il » y a long tems qu'il seroit converti, et que nous aurions » mis fin à tous nos différens ; il n'y a que vous qui l'en » empêchés par des respects humains qui n'ont aparence » de raison. »

Trois ans plus tard (le 27 février, premier Dimanche de Carême, 1594), Henri IV, Roi Très-Chrétien de France et de Navarre, Fils aîné de l'Eglise, recevait la consécration royale dans l'Eglise Cathédrale de Chartres, des mains de l'Evêque Nicolas de Thou. Le Protestantisme, qui s'était flatté d'envahir le royaume et de monter sur le trône, venait ainsi se briser aux pieds de la Vierge de Chartres ; comme le Paganisme y avait expiré par la défaite des Normands et la conversion d'Hasting et de Rollon ; comme y avait échoué encore, par suite du miracle et du traité de Brétigny, l'invasion des Anglais, qui nous eussent infailliblement doté, deux siècles plus tard, de leur schisme et de leur hérésie : malheur plus déplorable encore que la perte de notre nationalité. Ainsi se dissipèrent à nos portes toutes les calamités qui menaçaient la foi de la France.

La dévotion à Notre-Dame de la Brèche, que les auteurs de cette époque appellent quelquefois *Notre-Dame du Rempart,* sembla encore augmentée après ces derniers événements. L'an 1598, le Dimanche des Rameaux tombant le 15 mars, on crut que, dans cette concurrence, la procession de la Brèche devait l'emporter sur la procession générale des Palmes, que l'on faisait chaque année à l'église abbatiale de Saint-Cheron. Les deux solennités furent donc combinées; et, après la station ordinaire devant la Brèche, on procéda à l'adoration de la croix dans le cimetière de St-André. Enfin, deux ans plus tard, la petite Chapelle de la Brèche fut érigée, à la grande satisfaction des habitants de la ville et principalement de ceux du quartier. Laissons parler un de nos historiens. « En l'an 1600, c'est-» à-dire neuf ans depuis le siège mis devant la ville » par le Roy Henry-le-Grand, et trente-deux ans depuis » celui mis par les Huguenots sous la conduitte du » Prince de Condé, en un lieu proche et qui regarde la » muraille où la brèche auoit esté faitte, Me Simon » Sauquet, Chanoine de St-André, exécuteur du tes-» tament de Me Simon Berthelot, son oncle, Chanoine » de la mesme église, a fait bâtir (1) une chapelle qui a

---

(1) Un acte capitulaire de l'an 1600 parle seulement d'une permission, accordée par Chapitre, *de faire parachever la Chapelle.* (Archives du Départ. — Inventaire des titres du Chapitre. Chapelles étrangères. Page 213 v°.)

» receu le nom de Notre-Dame de la Brèche. En la » place où elle est, il y auoit autresfois une image de la » Saincte Vierge, reuestüe d'un grand manteau, sous » le quel au costé droit elle couuroit un grand nombre » d'Ecclésiastiques et de peuples à genoux, et de l'autre » costé plusieurs hommes armés, tirans de leurs armes » contre l'image de la Vierge; en mémoire de ce que » les Huguenots aïans tiré un nombre infini de coups de » mousquets contre la Ste Vierge qui est au dessus de » la porte Drouaise, ne l'auoient pu frapper quoiqu'ils » tirassent autour et mesme derrière l'image : dont les » marques ont paru fort long temps depuis, et jusqu'à » ce qu'un bourgeois de la ville, pensant bien honnorer » la Saincte Vierge, a faict réparer, peindre et dorer la » niche dans la quelle cette image est posée, ostant par » cet ornement la mémoire et le souuenir de ces glo- » rieuses marques de l'assistance de la Saincte Vierge, » notre illustre Patronne (1). »

« En commémoration des secours que les habitans » receurent de la Saincte Vierge en ces deux sièges de » 1568 et de 1591, et même en ceux des Normants long- » temps auparavant, pendant lesquels les assaults ont » toujours esté donnez en cet endroit, à la procession » généralle qui se fait par chacun an le 15 mars en ce » quartier, et à la quelle l'on porte les Reliques ordi- » naires de Nostre-Dame, le clergé s'arreste deuant la » Chapelle de la Brèche, et y fait et dit plusieurs prières » dehors, parce que la chapelle estant petite le clergé » n'y sçauroit entrer (2). »

La susceptibilité huguenote fut blessée de ces témoignages de reconnaissance des Catholiques envers la

(1) Challine, pag. 381. — (2) Idem. pag. 382, 177.

Vierge qui les avait protégés. Le tableau en bas-relief excitait surtout leur colère. Un de nos derniers historiens se prend d'un beau zèle contre *cette manifestation vive et cette haîne* des Orthodoxes. Je le conçois. Que les Protestants tirent des coups de mousquets et de canon contre les Catholiques, à la bonne heure; mais que les Catholiques, sur un inoffensif tableau, représentent le fait historique de l'aggression des Protestants, c'est là une intolérance qu'il faut réprimer et flétrir. Permis aux loups de croquer les agneaux; mais de quel droit ces fanatiques agneaux oseraient-ils s'en plaindre ou même s'en souvenir? — Voilà justement dans quel esprit est écrite l'histoire de nos trois derniers siècles. — Or donc, à propos du bas-relief en question, les pacifiques réformés firent grand bruit, présentèrent requête au conseil en 1603. M. Mauger, Maître des Requêtes, et depuis Garde des Sceaux, vint *exprès et en personne* à Chartres pour faire disparaître ces tableaux injurieux. Plus tard néanmoins ils furent rétablis, et, au dix-huitième siècle, il en existait encore plusieurs, tant dans l'oratoire de la Brèche qu'à Saint-André et ailleurs.

Une nouvelle délibération de MM. de la ville, ajouta beaucoup à la popularité de la cérémonie du 15 mars. De temps immémorial, la ville de Chartres était dans l'usage d'entretenir devant l'image de Notre-Dame, un cierge appelé *la Chandelle du Tour*, *le Tour de Cire*, *le Tour de Ville;* « lequel, fait et institué d'an-
» cienneté de la part du corps et communauté de la dite
» ville, pour être présenté par oblation pour le salut
» d'icelle, doit brûler et ardre devant la dite image (1). »
Ce *Tour de Ville* consistait dans une bougie de cire

(1) Archives de la ville. Anc. Reg., t. 1. Ann. 1591, n° 345.

jaune, d'une longueur démesurée, roulée sur un cylindre en bois, et pesant jusqu'à 220 livres; chaque jour on coupait un morceau de cette bougie, et on l'allumait sur le chandelier de la ville. Il est fait mention aux Registres municipaux, « de 10 sols tornois payés le 30 septembre » 1508 à Jean François, attacheur de chandelles en » l'église de Notre-Dame de Chartres, pour une année » de ses peines pour une chandelle de cire du tour de la » ville, qu'il allume chaque jour et chaque nuit pendant » la dite année devant l'image de la Vierge en la nef » de l'Eglise (1). » En 1529, « l'éteigneur de chandelles » recevait 20 sols tornois pour son salaire *d'allumer et* » *entretenir le feu du tour de la ville* (2). » Pendant long-temps, *le Tour de la Ville* était présenté indistinctement à quelqu'une des fêtes de l'année; c'était assez souvent le 17 octobre, fête de la dédicace de l'Eglise de Chartres, et on le portait à la procession qui se faisait par l'Eglise haute et basse. Mais dans le courant du XVII^e^ siècle, la cérémonie annuelle de la présentation du *Tour de Cire*, fut fixée au 15 mars. Tout le Corps de ville se rendait, avant la procession, devant la Vierge Noire du Jubé; c'était ordinairement le Maire qui allumait la première bougie détachée du *Tour*; mais quand il se trouvait à Chartres quelque prince ou homme de considération, on lui cédait cet honneur. Le *Tour de Ville* était ensuite porté à la procession solennelle de la Brèche, et ce n'en était pas l'ornement le moins remarqué.

---

(1) Archives de la ville. Anc. Reg., t. 1. Ann. 1508.

(2) Ibid. Ann. 1529. — En 1505, 130 livres 3 onces de cire jaune coûtaient 37 livres 19 s. 3 d. En 1539, 220 livres de la même cire coûtaient 75 livres tournois. En 1591, la cire jaune coûtait 25 sols la livre.

La procession était ordinairement précédée d'un sermon, prêché alternativement par un religieux Cordelier et par un Dominicain. Le 15 mars 1690, un Jacobin prit pour texte de son sermon cet acrostiche, qu'il avait composé sur le mot *Carnutum* :

C hristum
A doremus
R edemptorem
N ostrum.
V rbis
T utelam
V eneremur
M ariam.

La piété et la reconnaissance des Chartrains s'étaient encore manifestées en suspendant devant la porte et au-dessus de l'autel de la Chapelle de la Brèche, un grand nombre de boulets de canon, recueillis au bas de la porte Drouaise et des remparts de la ville, à la suite des deux derniers sièges. Plusieurs de ces boulets, et quelques autres qui étaient suspendus devant la Vierge Noire de la Cathédrale, ont été remis à notre disposition par des habitants qui les conservaient depuis 1791.

Jusqu'au remaniement du Bréviaire fait en 1783, outre la Procession et la Messe solennelle de Notre-Dame de la Brèche, il y avait tout un Office du jour : *In festo commemorationis Beatæ Mariæ Virginis, infrà muros Vrbis Carnotensis, pro victoriâ contrà hæreticos obtentâ et ipsius vrbis ab obsidione Calvinistarum liberatione.* Cette fête, indiquée double-solennelle dans le Missel de Léonore d'Estampes de Valençay (1624), a continué d'être solennelle-mineure depuis le Bréviaire et le Missel de Ferdinand de Neufville de Villeroy (1669). D'après les rubriques établies par ce dernier ɜvêque, cette solennité devait être remise au lendemain orsqu'elle tombait le Dimanche, et anticipée au 13 mars orsqu'elle coïncidait avec le Dimanche des Rameaux. Ɛn 1624, cette fête était d'obligation pour toute la ville, ɩt entraînait la cessation de toute œuvre manuelle. Le ɔalendrier chronologique et historique du Livre d'Eglise lonné par Charles de Monstiers de Mérinville en 1738, ıous apprend que cette fête n'était plus dès-lors que de lévotion pour le peuple.

Nous avons parlé de plusieurs poésies faites à diverses poques, pour consacrer l'evénement du 15 mars 1568 ; n en trouvera quelques unes à la fin de cette Notice. ɹes deux premières cantates sont extraites d'un Recueil le Motets composés par P. Bourcy, maître de musique à ɔhartres, et imprimé en 1693; la traduction en vers rançais est de Danchet, régent de rhétorique au collége e Chartres. C'étaient ces pièces de chant qui formaient es *beaux mottets* dont parlent nos historiens (1).

Jusqu'à la Révolution française, la Chapelle de Notre-Dame de la Brèche, dépendante du Chapitre de Saint-

(1) D'après la fondation, le Motet devait être chanté devant N.-D. e la Brèche. Mais comme le clergé était là en plein air, quelquefois, cause de la rigueur de la saison, et de la longueur du Motet, on ne e chantait que dans l'église de St-André. En 1748, les Chanoines de aint-André portèrent plainte devant le Bailli, de ce que MM. de la Cathédrale avaient chanté le Motet dans le chœur de la collégiale ans leur permission : de là, sentence condamnant lesdits Sieurs de a Cathédrale aux *dommages et intérêts*, et maintenant MM. de Saint-André dans le droit d'ordonner en leur église tous services ordinaires et extraordinaires. — Au moment de la Révolution, le Motet e chantait au retour dans la nef de la Cathédrale. — D'après un des rincipes qui ont présidé à la réforme lithurgique, le Maître de Psallette fut chapitré en 1764, pour avoir fait exécuter un Motet non composé des paroles de l'Ecriture Sainte. Mais l'ancien usage prévalut et fut continué. (Regist. capitul. de N.-D. Ann. 1713, 1748, 1749, 1764.)

André, était desservie par un de ses membres. Dans le registres capitulaires de cette collégiale, il est questio du *chanoine semainier des messes de la Brèche* (1) et, à chaque Chapitre général, un de MM. les Chanoine est chargé d'avoir soin de ladite Chapelle. Le trésor d la Brèche n'était pas difficile à garder ; lorsque la Natio vint faire son inventaire et apposer les scellés en 1790 elle n'y trouva pour toute argenterie qu'un calice, un patène et un petit cœur, avec quatre ornements de dif férentes couleurs et les linges nécessaires à la célébratio de la messe (2).

Nous savons par la tradition de plusieurs familles que, le jour de Notre-Dame de la Brèche, le pain bén était offert à tour de rôle par les maisons voisines : pieus pratique que plusieurs habitants du quartier demander à renouveler.

Un pieux pélerinage s'était établi dans la Chapelle d la Brèche ; outre les nombreux concours de fidèles qu s'y succédaient dans la journée du 15 mars, le Chanoin semainier y récitait fréquemment des *Evangiles* à l'issu de la Messe. Les mères en particulier venaient invoque la Vierge de la Brèche, et aussi la Vierge de la port Drouaise, pour leurs fils exposés aux périls de la guerre — Que de fois, pendant les vingt années qui suivirent l destruction de l'un et l'autre de ces monuments, le cœu des mères dut-il regretter de ne plus pouvoir déposer ses prières, baignées de larmes, aux pieds de *Celle qui*

---

(1) Archiv. du départ. — Registres capitul. de Saint-André, 9 mars 1767.

(2) Archiv. du départem. — Inventaire du Chapitre de St-André, 23 juin 1790.

*détournait les coups et qui recevait les balles dans son tablier* (1)?

La procession se fit pour la dernière fois à la Brèche, le 14 mars 1789. M. le Duc de Doudeauville, récemment nommé par le Roi gouverneur de Chartres, fit les honneurs du *Tour de la Ville*. Nous transcrirons ici en partie le procès-verbal du Registre de l'Hôtel-de-Ville : un acte à peu près semblable se retrouve chaque année à la date du 15 mars.

« Du 14 mars 1789. Fête de N.-D. de la Victoire, et » Présentation à la Vierge du nouveau tour de Bougie de » la ville faite par M. le Duc de Doudeauville gou- » verneur. »

« Aujourd'hui samedy 14 mars 1789, 8 heures 1/2 du » matin, fête de N.-D. de la Victoire (qui a été remise » aujourd'hui et non lundi par M. l'Evêque ainsi que la » Procession générale, attendu que lundi est le jour que » les trois ordres du Baillage s'assemblent pour les » Etats Généraux), le corps de ville, précédé des deux » fouriers, des gardes de MM. les gouverneurs, des » tambours et musiciens, a rencontré à la porte de son » hôtel MM. les officiers du Baillage présidés par M. le » Lieutenant Général et précédés de leurs huissiers. » Les dites deux compagnies réunies ensemble, le Bail- » lage tenant la droite, et la ville la gauche, auroient été

---

(1) Outre le pèlerinage à N.-D. de la Brèche et à la Vierge de la porte Drouaise, il y en avait un encore à la Vierge en pierre, sculptée dans le rempart non loin de l'inscription que nous avons citée. Cette Vierge, que la Révolution a mutilée, et qui se trouve aujourd'hui dans le jardin de M. Bonnet, frère du Chanoine de ce nom, ne doit pas être confondue avec l'image de Notre-Dame de la Fontaine Drouaise, si révérée et si populaire.

» conduites à l'Evêché pour prendre M. le Duc de Dou
» deauville et l'auroient amené à leurs têtes jusqu'à
» l'église Cathédrale Notre-Dame de cette ville : où
» étant arrivées par la Porte Royale, le Présidial se
» seroit rendu dans la chapelle de quatre heures, et le
» corps de ville ayant à sa tête M. le Gouverneur
» auroit été conduit jusqu'à l'endroit de la nef vis à vis
» l'image de la Sainte Vierge où était le nouveau tour de
» Bougie de cire jaune que la ville est dans l'usage de
» présenter de tems immémorial pour être consumé
» devant l'image de la Sainte Vierge ; et à l'instant l'un
» des portiers auroit allumé un cierge de cire Blanche
» qu'il auroit remis au plus ancien fourier, qui l'auroit
» présenté à M. Triballet du Gort Maire, qui l'auroit
» remis aussitost à M. le Gouverneur qui auroit allumé
« la dite Bougie ; pendant la quelle cérémonie les tam-
» bours et musiciens auroient battus et joués de leurs
» instruments ; après quoi le dit fourier avec le dit cor-
» tège auroient été déposer icelui cierge dans un chan-
» delier de fer qui étoit devant la dite image de la Sainte
» Vierge. Ensuite le corps de ville ayant à sa tête M. le
» Gouverneur auroit été conduit à la Chapelle de Ven-
» dôme rejoindre le Présidial ; et à l'instant la procession
» s'étant mise en marche, la dite Bougie n'y auroit point
» été portée vu le mauvais tems. La compagnie du Pré-
» sidial tenant la droite et ayant à sa tête M. le Grand
» Bailly, et le corps de ville la gauche, aux deux côtés des
» quelles deux compagnies étoient les dix fusiliers pom-
» piers, auroient assisté à la dite procession qui auroit
» parcouru les rues accoutumées ; et icelle procession
» rentrée en l'Eglise Cathédrale, et le motet chanté
» devant la nef, les dites deux compagnies seroient
» entrées dans le chœur et auroient entendües la messe

» haute qui auroit été célébrée par M. Poulain, cha-
» noine, etc. (1). »

On trouve dans les pièces de la propriété, la note suivante : « 28 octobre 1791. Devant le District de Chartres,
» procès-verbal constatant la vente d'une maison, et
» d'une petite chapelle appelée Notre-Dame de la Brèche
» attenant à la dite maison.» Il résulte de ce procès-verbal, que la vente de cette propriété religieuse avait été ordonnée par arrêté du département, du 17 juillet 1791.

L'acquéreur ne tarda pas à faire abattre le toit du petit oratoire; monument plus précieux par son objet que pour son mérite archéologique. Au-dessus de la porte, conservée jusqu'à nos jours, on lit encore l'inscription *Notre-Dame de la Brèche*, gravée sur la pierre, ainsi que les armes et les initiales du Chanoine fondateur : *S. S.*

Quelques années après, la porte Drouaise fut détruite par suite d'une délibération municipale; avec l'Image antique disparurent les dernières traces monumentales, qu'une restauration maladroite avait déjà en grande partie effacées (2).

---

(1) Arch. de la ville. Reg. de 1789, page 32.

(2) Il existe une gravure curieuse, que nous ne désespérons pas de nous procurer. Lors de l'*Assemblée du Chapitre Prouincial de la Prouince de France, de l'Ordre des Frères Prescheurs, célébré au Conuent de S. Jacques l'an* 1624, « la sixième et dernière thèse, dé-
» diée à Monseigneur de Chartres, contenoit vne grande et très
» excellente planche en taille douce, en laquelle d'vn costé estoit
» representé le Roy Assuère, assis sur son throsne, et estendant son
» sceptre Royal vers Hester, qui estoit à ses pieds en forme de
» suppliante, couronnée pourtant d'vne couronne de Roine, le
» priant de faire grâce au peuple Juif, duquel aucuns particuliers
» estoient prosternés près d'elle; et de la bouche d'Hester sortoit
» cet escriteau : *Da mihi animam meam pro quâ rogo, et populum*

Depuis 1790 jusqu'en 1843, les choses restèrent en cet état. La Procession de Notre-Dame de la Brèche, interrompue pendant les mauvais jours de la Révolution, recommença de se faire aussitôt après le rétablissement du culte catholique ; mais seulement dans l'intérieur de la Cathédrale, avec station devant la Vierge Noire. Les

---

» *meum pro quo obsecro;* et de la bouche d'Assuère sortoit cette » responce : *Non morieris, non enim pro te hæc lex constituta est;* » et à costé en hault estoit représenté le temple de Salomon auec » plusieurs Juifs, et au dessoubs : *Synagoga afflicta;* et tout au » dessus de la teste d'Hester : *Judæorum liberatrix;* et plus haut : » TYPUS, c'est-à-dire FIGURE, pourcequ'à l'autre costé de ladite » taille douce estoit la chose figurée, à sçauoir :

» L'Image de N. S. J. C., assis en vn throsne auprès du Père » et du S. Esprit, tenant de sa main senestre trois dards ou flèches » dont il vouloit foudroyer le monde, et de sa main droicte un lys » qu'il offroit à la S. Vierge, prosternée à genoux deuant luy » comme suppliante, laquelle toutefois estoit couronnée à la Royale, » et outre ce, son chef entouré de douze estoiles ; de la bouche de » laquelle sortoient ces ecriteaux : *Vbi sunt misericordiæ tuæ antiquæ, Domine, respice in seruos tuos,* montrant les fidèles » chrestiens en tête desquels S. Dominique et S. François ; et » J.-C. lui répondoit : *Ecce audiui vocem tuam, honoravi faciem* » *tuam, et placatus feci verbum tuum.* Au fond est une belle re- » présentation de l'auguste temple de Nostre Dame de Chartres, » attaquée par plusieurs ennemis auec mousquets arquebuses et » autres armes offensiues, et cet escrit : *Ecclesia ab hæreticis op-* » *pugnata,* faisant allusion au siège de l'an 1568 mis par les héré- » tiques Huguenots deuant la ville de Chartres et leué par eux- » mesmes auec leur courte honte et leur publique confusion ; et » au dessus y auoit *Carnutensium tutela,* parlant de la S. Vierge, » la deffence des Chartrains ; et plus haut : VERITAS, comme » monstrant que c'est la VÉRITÉ pourtraicte en Hester effigiée de » l'autre part.

» Et entre la figure et la vérité, y a une Chemise de Nostre » Dame, dans une double palme ; et de l'autre costé est l'escusson » et les armes de Monseigneur de Chartres.

» La thèse auoit pour principale question : *Quæ est Carnutensium* » *tutela? Quelle est la deffence des Chartrains?* et pour responce : » *Maria mater gratiæ, mater misericordiæ,* suiuant tout le verset » le long des appendices, et traictoit en particulier de l'excellence » de la S. Vierge, de sa pureté, que Dieu se sert des images des » Saints pour faire des miracles, marque qu'elles doivent estre » honorées, etc. » (Agematologie ou Discours, etc., p. 255 et suiv.)

paroisses, couvents et séminaires de la ville n'étant pas dans l'usage, même avant la Révolution, de se rendre aux processions générales lorsque quelques circonstances empêchaient qu'elles se fissent dehors, il fut réglé par l'*Ordo* diocésain, que la messe commémorative serait célébrée dans toutes les églises et chapelles *intrà urbem,* et qu'elle serait précédée de la procession dans les églises paroissiales de St-Pierre et de St-Aignan.

Il n'était pas rare, jusqu'à ces derniers jours, de voir de pauvres femmes, prosternées à terre, baiser pieusement le seuil du sanctuaire de la Brèche, ruiné et profané, dans lequel il ne leur était plus permis d'entrer.

Le 25 mars 1843, jour de l'Annonciation de la Sainte Vierge, M. l'abbé Baret, Chanoine honoraire et premier Vicaire de la Cathédrale, s'est rendu adjudicataire de la maison et du jardin de la Brèche. Le vendredi de la Compassion de la Sainte Vierge, 7 avril, la première pierre de la nouvelle Chapelle était bénite et posée par M. Lecomte, Vicaire général, Chanoine Théologal et Archiprêtre de la Cathédrale, délégué spécialement par Mgr Claude-Hippolyte Clausel de Montals, Evêque de Chartres.

L'inscription historique, renfermée dans la première pierre, se termine par cette prière, imitée des paroles de l'Ecriture : « *Dominus sit in circuitu populi sui, et* » *Sancta Domini Mater conservet in æternum civi-* » *tatem suam ab omni hæreticâ labe et morum cor-* » *ruptelâ impollutam !* » — « Que le Seigneur fasse la » garde autour de son peuple, et que la Sainte Mère du » Seigneur conserve à jamais sa ville pure de toute » tache d'hérésie et de toute souillure de mœurs ! »

Dans quelques mois, la rue de la Brèche aura retrouvé sa Patronne, dont elle se glorifiait tant jadis, et que depuis un demi-siècle elle déplorait d'avoir perdue. L'Oratoire sera reconstruit sur le même emplacement et dans des proportions un peu moins étroites que celui qui a été renversé. La ville entière y sera représentée par les sept patrons des sept anciennes paroisses *intrà muros*. La reconnaissance et la prière reviendront déposer leurs vœux aux pieds de l'Image sainte (1); le sacrifice d'action de grâces et d'expiation sera célébré sur l'autel; et le cortège sacré pourra faire retentir de nouveau les rues Muret et Chantault des cantiques si bien appropriés, qu'elles ont redit pendant plus de deux siècles.

(1) L'ancienne statue de Notre-Dame de la Brèche, placée depuis la Révolution au coin de la dernière maison de la rue du Chat-qui-Pèche, près le pont Bouju, a été rendue à M. l'abbé Baret avec un empressement plein d'obligeance par le propriétaire actuel, M. Cathelinays, qui s'est cru avec raison dégagé de la clause de conservation stipulée par le vendeur dans son contrat de cession, quand il a su que l'ancienne chapelle à laquelle la Vierge appartenait, allait être rétablie.

# OFFICE

DE

# NOTRE-DAME DE LA BRÈCHE.

# OFFICE

## DE NOTRE-DAME DE LA BRÈCHE.

LE 15 MARS.

## FÊTE DE NOTRE-DAME DE LA BRÈCHE

OU

DE NOTRE-DAME DE LA VICTOIRE.

### A LA PROCESSION.

(Extrait du Processionnal à l'usage de la Cathédrale, imprimé en 1788.)

*Avant de sortir du Chœur, on chante l'Antienne et l'Oraison qui suivent :*

LEVEZ-VOUS, Seigneur; aidez-nous, et délivrez-nous à cause de votre nom. *Ps.* Seigneur, nous avons entendu de nos oreilles, et nos pères nous ont raconté la merveille que vous avez opérée de leur temps. Gloire à Dieu...comme elle était. *On répète :* Levez-vous.

EXURGE, Domine; adjuva nos, et libera nos propter nomen tuum. *Ps.* Deus, auribus nostris audivimus, * patres nostri annuntiaverunt nobis opus, quod operatus es in diebus eorum. Gloria Patri.... Sicut erat. *On répète :* Exurge.

PRIONS.

NOUS vous en supplions, Seigneur, par l'intervention de la Bienheureuse Vierge Marie votre Mère, et l'assistance de tous les Saints, ouvrez le cœur de vos enfants au sentiment de la componction, et comblez-les des dons de votre miséricorde : Par le même J.-C. N.-S.

OREMUS.

MENTEM familiæ tuæ, quæsumus, Domine, interveniente beatâ Dei genitrice Mariâ cum omnibus Sanctis, et munere compunctionis aperi, et largitate pietatis exaudi. Per eumdem Christum Dominum nostrum. Amen.

4

*En sortant du Chœur, on chante le Psaume suivant :*

PSAUME 43.

Deus, auribus nostris audivimus, patres nostri annuntiaverunt nobis, * opus quod operatus es in diebus eorum, et in diebus antiquis.

Seigneur, nous avons entendu de nos oreilles, et nos pères nous ont raconté ce que vous avez fait de leur temps et dans les jours anciens.

Manus tua gentes disperdidit, et plantasti eos : * afflixisti populos, et expulisti eos.

Votre main a détruit les nations de Chanaan et établi nos pères à leur place : vous les avez chassés de leurs demeures.

Nec enim in gladio suo possederunt terram, * et brachium eorum non salvavit eos :

Non, ce n'est pas la force de leur glaive qui mit nos pères en possession de la terre promise, et ce n'est pas leur bras qui les fit vaincre.

Sed dextera tua, et brachium tuum, et illuminatio vultûs tui; * quoniam complacuisti in eis.

Ce fut votre droite, votre bras tout-puissant qui fit leur salut : ils marchaient à la lumière de votre visage, parce que vous vous plaisiez à les protéger.

Tu es ipse rex meus, et Deus meus, * qui mandas salutes Jacob.

Vous êtes mon roi et mon Dieu, et c'est vous qui ordonnez le salut de Jacob.

In te inimicos nostros ventilabimus cornu, * et in nomine tuo spernemus insurgentes in nobis.

C'est par vous seul que nous pouvons encore abattre nos ennemis, et fouler aux pieds ceux qui s'élèvent contre nous.

Non enim in arcu meo sperabo, * et gladius meus non salvabit me.

Je ne mettrai point mon espérance dans mon arc, ni mon salut dans mon épée.

Salvasti enim nos de affligentibus nos, * et odientes nos confudisti.

Car c'est vous qui avez repoussé ceux qui nous affligeaient, et confondu ceux qui nous haïssaient.

Tous les jours nous nous glorifierons dans notre Dieu, et nous célébrerons son nom dans les siècles.

In Deo laudabimur totâ die; * et in nomine tuo confitebimur in seculum.

Mais aujourd'hui, Seigneur, vous nous avez rejetés et méprisés, et vous ne marchez plus à la tête de nos armées.

Nunc autem repulisti, et confudisti nos; * et non egredieris, Deus, in virtutibus nostris.

Vous nous avez chassés en arrière devant nos ennemis, et nos oppresseurs se sont emparés de nos dépouilles.

Avertisti nos retrorsùm post inimicos nostros; * et qui oderunt nos, diripiebant sibi.

Voilà que nous sommes comme des brebis destinées à la mort : nous sommes dispersés parmi les nations.

Dedisti nos tanquam oves escarum, * et in gentibus dispersisti nos.

Vous avez vendu votre peuple, sans même en demander le prix, et personne n'a mis l'enchère sur nous.

Vendidisti populum tuum sine pretio, * et non fuit multitudo in commutationibus eorum.

Vous nous avez rendus l'opprobre de nos voisins, la fable et la risée de tout ce qui nous environne.

Posuisti nos opprobrium vicinis nostris, * subsannationem et derisum his qui sunt in circuitu nostro.

Notre nom a passé chez les peuples en proverbe de mépris : ils ne parlent de nous qu'en secouant la tête avec dédain.

Posuisti nos in similitudinem gentibus, * commotionem capitis in populis.

Ma honte est incessamment devant mes yeux; et la confusion couvre mon visage,

Totâ die verecundia mea contra me est; * et confusio faciei meæ cooperuit me,

Parce que j'entends tout le jour le reproche et les injures, et que le persécuteur est toujours devant moi.

A voce exprobrantis et obloquentis, * à facie inimici et persequentis.

Tous ces maux ont fondu sur nous, Seigneur, et nous ne vous avons point oublié;

Hæc omnia venerunt super nos; nec obliti sumus te, * et iniquè non egimus in testamento tuo.

nous n'avons point violé votre alliance.

Et non recessit retrò cor nostrum, * et declinasti semitas nostras à viâ tuâ ;

Notre cœur ne s'est point éloigné de vous ; et nos voies ne se sont point détournées des vôtres,

Quoniam humiliasti nos in loco afflictionis, * et cooperuit nos umbra mortis.

Quoique vous nous ayez humiliés dans la terre d'affliction, et plongés dans l'ombre de la mort.

Si obliti sumus nomen Dei nostri, * et si expandimus manus nostras ad deum alienum,

Si nous venions à oublier le nom de notre Dieu, si nous étendions nos mains vers un dieu étranger,

Nonne Deus requiret ista? * ipse enim novit abscondita cordis.

Le Seigneur ne nous en demanderait-il pas compte, lui qui voit ce qu'il y a de plus caché dans les cœurs?

Quoniam propter te mortificamur totâ die, * æstimati sumus sicut oves occisionis.

Cependant nous sommes tous les jours livrés à la mort, à cause de vous, Seigneur : nous sommes traités comme les troupeaux destinés à la boucherie.

Exurge, quare obdormis, Domine? * exurge, et ne repellas in finem.

Levez-vous, Seigneur : pourquoi dormez-vous? Levez-vous, et ne nous abandonnez pas pour toujours.

Quare faciem tuam avertis? * oblivisceris inopiæ nostræ et tribulationis nostræ?

Pourquoi détournez-vous vos regards? pourquoi oubliez-vous notre misère et nos tribulations?

Quoniam humiliata est in pulvere anima nostra, * conglutinatus est in terrâ venter noster.

Notre ame est abattue dans la poussière ; et nous sommes comme attachés à la terre, sans pouvoir nous relever.

Exurge, Domine, adjuva nos; * et redime nos propter nomen tuum.

Levez-vous donc et secourez-nous, Seigneur, pour la gloire de votre nom.

Gloria Patri, etc.

Gloire au Père, etc.

*Si le Psaume ne suffit pas, on en reprend les premiers versets, à partir du second ; et, lorsqu'on est arrivé à la Chapelle de la Brèche, on chante les Antiennes suivantes :*

DE LA CROIX.

GRACES soient rendues à Dieu, qui nous a donné la victoire par Jésus-Christ ! C'est pourquoi, mes frères, soyez fermes et inébranlables, pratiquant abondamment et sans cesse les œuvres du Seigneur.

DEO gratias qui dedit nobis victoriam per Dominum nostrum Jesum Christum, itaque fratres stabiles estote et immobiles, abundantes in opere Domini semper.

DE LA SAINTE VIERGE.

ASSUR est venu avec une multitude et une force extraordinaire ; mais le Seigneur tout-puissant l'a frappé ; et il l'a livré aux mains d'une femme qui l'a immolé.

VENIT Assur in multitudine fortitudinis suæ, Dominus omnipotens nocuit eum ; et tradidit in manu fœminæ, et confodit eum.

DE SAINT LUBIN.

L'ENNEMI se fiait sur sa puissance et sur la bravoure de son armée ; mais le serviteur du Seigneur l'a terrassé par ses saintes prières.

SERVUS Domini confitentem hostem in potentiâ suâ, et exercitu suo, precibus sanctis orando dejecit.

DE LA PAIX.

QUE le Dieu de paix nous rende parfaits pour tout bien, afin que nous accomplissions sa volonté, et que lui-même fasse en nous tout ce qui lui est agréable par Jésus-Christ : auquel soit gloire et louange dans les siècles des siècles.

DEUS pacis aptet nos in omni bono, ut faciamus ejus voluntatem, faciens in nobis quod placeat coram se, per Jesum Christum cui est gloria in secula seculorum.

*On ajoute les prières suivantes pour tous ceux qui sont morts dans la défense de la ville* (1) :

PSAUME 129.

De profundis clamavi ad te, Domine; * Domine, exaudi vocem meam.

Fiant aures tuæ intendentes * in vocem deprecationis meæ.

Si iniquitates observaveris, Domine : * Domine, quis sustinebit?

Quia apud te propitiatio est; * et propter legem tuam sustinui te, Domine.

Sustinuit anima mea in verbo ejus : * speravit anima mea in Domino.

A custodiâ matutinâ usque ad noctem * speret Israël in Domino.

Quia apud Dominum misericordia : * et copiosa apud eum redemptio.

Et ipse redimet Israël * ex omnibus iniquitatibus ejus.

Gloria Patri, etc.

℣. Requiescant in pace.

℟. Amen.

℣. Domine, exaudi orationem meam;

℟. Et clamor meus ad te veniat.

Seigneur, j'ai crié vers vous du sein de l'abîme : Seigneur, écoutez ma voix.

Daignez prêter une oreille attentive à la voix de mes supplications.

Seigneur, si vous regardez à nos iniquités, Seigneur, qui pourra subsister devant vous?

Mais le pardon est auprès de vous; et attaché à votre loi, Seigneur, je vous ai attendu.

Je vous ai attendu à cause de votre parole; mon ame a espéré dans le Seigneur.

Qu'Israël espère en lui depuis la naissance du jour jusqu'à sa fin,

Parce que la miséricorde et la rédemption sont abondantes dans le Seigneur,

Et qu'il effacera toutes les iniquités d'Israël.

Gloire au Père, etc.

℣. Qu'ils reposent en paix.

℟. Ainsi soit-il.

℣. Seigneur, exaucez ma prière;

℟. Et que mes cris parviennent jusqu'à vous.

(1) Ces prières se chantaient autrefois dans l'église de St-André.

℣. Le Seigneur soit avec vous,

℟. Et avec votre esprit.

℣. Dominus vobiscum,

℟. Et cum spiritu tuo.

PRIONS.

O Dieu, aux yeux de qui la vie la plus louable n'est pas exempte de fautes, si vous oubliez votre miséricorde pour en discuter toutes les œuvres : ne recherchez pas les péchés des ames que nous vous recommandons ; mais qu'elles trouvent auprès de vous l'indulgence que nous espérons et que nous demandons avec confiance pour elles.

O Dieu, Créateur et Rédempteur de tous les fidèles, accordez aux ames de tous ceux qui sont morts la rémission de leurs péchés, afin qu'elles obtiennent, par les pieuses prières de votre Eglise, le pardon qu'elles ont toujours ardemment souhaité : Vous qui étant Dieu, etc.

OREMUS.

Deus, in cujus oculis non est innocens etiam laudabilis hominis vita, si remotâ misericordiâ discutias eam : ne exquiras peccata animarum quas tibi commendamus ; sed quam fiducialiter speramus ac petimus, fac eas apud te indulgentiam invenire.

Fidelium, Deus, omnium conditor et redemptor, animabus omnium fidelium defunctorum remissionem cunctorum tribue peccatorum; ut indulgentiam quam semper optaverunt, piis supplicationibus consequantur; Qui vivis et regnas cum Deo Patre in unitate Spiritûs sancti Deus, per omnia secula seculorum.

℟. Amen.

℣. Le Seigneur soit avec vous,

℟. Et avec votre esprit.

℣. Qu'ils reposent en paix.

℟. Ainsi soit-il.

℣. Dominus vobiscum,

℟. Et cum spiritu tuo.

℣. Requiescant in pace.

℟. Amen.

*En quittant la Chapelle de la Brèche, on chante le Cantique de Débora :*

CANTIQUE. *Juges. Chap.* 5.

Qui spontè obtulistis de Israël animas vestras ad periculum : * Benedicite Domino.

Nova bella elegit Dominus, et portas hostium ipse subvertit : * clypeus et hasta si apparuerint in millibus Israël.

Cor meum diligit principes Israel : * qui propriâ voluntate obtulistis vos discrimini, benedicite Domino.

Qui sedetis in judicio, * qui ambulatis in viâ, loquimini.

Ubi collisi sunt currus, et hostium suffocatus est exercitus ; * ibi narrentur justitiæ Domini, et clementia in fortes Israël.

Tunc descendit populus Domini ad portas, * et obtinuit principatum.

Salvatæ sunt reliquiæ populi : * Dominus in fortibus dimicavit.

Sic pereant omnes inimici tui, Domine : * qui autem diligunt te, sicut sol in ortu suo splendet, itâ rutilent.

Gloria Patri, etc.

Vous qui parmi les enfants d'Israël avez volontairement offert votre vie au péril, bénissez le Seigneur.

Le Seigneur lui a suscité de nouveaux combats, c'est le Seigneur qui renverse la force des ennemis. On ne voyait ni bouclier ni lance parmi les quarante mille guerriers d'Israël.

Mon cœur aime les princes d'Israël ; vous qui avez couru volontairement au péril, bénissez le Seigneur.

Vous qui montez sur des chars éclatants, qui êtes assis sur le tribunal, et qui vous avancez dans le chemin, parlez.

Dans le lieu où les chars ont été brisés, où l'armée ennemie a été écrasée, que l'on raconte là les justices du Seigneur et sa clémence sur les tribus d'Israël.

Alors le peuple du Seigneur descendit jusqu'aux portes de l'ennemi, et triompha.

Les débris du peuple ont été sauvés, le Seigneur a vaincu les forts.

Ainsi périssent tous tes ennemis, Seigneur ! Que ceux qui t'aiment brillent comme le soleil resplendit à son lever !

Gloire au Père, etc.

*Lorsque tout le Clergé était entré dans le chœur de Saint-André, on chantait l'Antienne du Patron :*

ANDRÉ rencontra d'abord son frère Simon, et il lui dit : Nous avons trouvé le Messie ; et il l'amena à Jésus.

INVENIT Andreas primum fratrem suum Simonem, et dicit ei : Invenimus Messiam, et adduxit eum ad Jesum.

℣. Je raconterai votre nom à mes frères,

℟. Et je vous louerai en présence de l'Eglise.

℣. Narrabo nomen tuum fratribus meis :

℟. In medio Ecclesiæ laudabo te.

PRIONS.

QUE votre grâce, ô Seigneur, nous fasse vivre toujours en la foi de J.-C., auquel le bienheureux André a mérité de demeurer toujours uni, après avoir tout laissé pour le suivre. Par, etc.

OREMUS.

PERFICIAT in nobis, Domine, gratia tua, ut semper in fide Christi vivamus, cui beatus Andreas, relictis omnibus, meruit constanter adhærere ; Per eumdem Christum.

*En rentrant à la Cathédrale, on chante ce qui suit :*

CANTIQUE DE DAVID. 2. *Rois. Ch.* 22.

JE vous aimerai, Seigneur, vous qui êtes ma force ; le Seigneur est mon appui, mon refuge, mon libérateur.

Il est mon Dieu et mon soutien ; je mettrai en lui toute mon espérance; il me protége, il assure mon salut, il prend en main ma défense.

Je louerai, j'invoquerai le nom du Seigneur, et je serai délivré de mes ennemis.

Les douleurs de la mort m'ont environné, et les torrents de l'iniquité m'ont rempli d'épouvante.

DOMINUS petra mea, et robur salvator meus, * Deus fortis meus, sperabo in eum.

Scutum meum, et cornu salutis meæ : elevator meus et refugium meum : * salvator meus, de iniquitate liberabis me.

Laudabilem invocabo Dominum : * et ab inimicis meis salvus ero.

Quia circumdederunt me contritiones mortis : * torrentes Belial terruerunt me.

Funes inferni circumdederunt me : * prævenerunt me laquei mortis.

Les liens de l'enfer m'ont investi, les rets de la mort m'ont enveloppé.

In tribulatione meâ invocabo Dominum, et ad Deum meum clamabo, * et exaudiet de templo suo vocem meam, et clamor meus veniet ad aures ejus.

Au milieu de l'angoisse, j'ai appelé le Seigneur à mon secours, j'ai poussé des cris vers mon Dieu : ma voix a pénétré jusque dans son temple, mes cris sont parvenus à ses oreilles.

Commota est et contremuit terra : * fundamenta montium concussa sunt, et conquassata, quoniam iratus est eis.

Alors la terre s'est troublée et a tremblé ; les fondements des montagnes, saisis d'effroi, se sont agités, parce que le Seigneur s'est ému.

Ascendit fumus de naribus ejus et ignis de ore ejus vorabit : * carbones succensi sunt ab eo.

Sa colère a monté comme un tourbillon de fumée ; le feu est sorti de sa bouche, et l'incendie s'est embrasé soudain.

Inclinavit cœlos, et descendit : * et caligo sub pedibus ejus.

Il a abaissé les cieux, et il est descendu, et les ténèbres étaient sous ses pieds.

Et ascendit super Cherubim, et volavit : * et lapsus est super pennas venti.

Il a pris son vol sur les ailes des chérubins, il s'est élancé sur les ailes des vents.

Posuit tenebras in circuitu suo latibulum : * cribrans aquas de nubibus cœlorum.

Il s'est fait une retraite au milieu de la nuit, il l'a placée comme une garde autour de son tabernacle ; il s'est enveloppé des eaux et des nuées.

Præ fulgore in conspectu ejus, * succensi sunt carbones ignis.

Aux éclairs de sa face, les nuages se sont ouverts : ils ont vomi la grêle et le feu.

Tonabit de cœlo Dominus ; * et excelsus dabit vocem suam.

Du haut des cieux le Seigneur a tonné, le Très-Haut a élevé sa voix.

Misit sagittas et dissipavit eos : * fulgur, et consumpsit eos.

Il a lancé ses flèches et il les a dissipés ; la foudre, et il les a consumés.

lors ont été dévoilés les ervoirs des eaux ; les fonnents de la terre ont été s à nu, à votre menace, gneur, au souffle de votre ère.

Du haut des cieux, il a gné me tendre la main ; m'a protégé, il m'a retiré ; eaux de l'abîme.

Il m'a arraché à mon puisnt ennemi, à ceux qui me issent et qui avaient prélu contre moi.

Au jour de mon affliction, ont voulu me surprendre; ais le Seigneur m'a servi appui.

Il m'a ouvert un chemin acieux, il m'a sauvé à cause son amour.

Le Seigneur me rendra le ix de ma justice, il me rémpensera selon la pureté mes mains;

Car j'ai gardé les voies du igneur, et jamais l'impiété m'a éloigné de mon Dieu.

Ses jugements sont devant es yeux, et je n'ai point reté sa loi.

Je serai parfait avec lui, et me préserverai de l'iniuité.

Le Seigneur me rendra le rix de ma justice, et il me écompensera selon la pureté

Et apparuerunt effusiones maris, et revelata sunt fundamenta orbis, * ab increpatione Domini, ab inspiratione spiritûs furoris ejus.

Misit de excelso, et assumpsit me : * et extraxit me de aquis multis.

Liberavit me ab inimico meo potentissimo, * et ab his qui oderant me, quoniam robustiores me erant.

Prævenit me in die afflictionis meæ, * et factus est Dominus firmamentum meum.

Et eduxit me in latitudinem : * liberavit me, quia complacui ei.

Retribuet mihi Dominus secundùm justitiam meam : * et secundùm munditiam manuum mearum reddet mihi.

Quia custodivi vias Domini, * et non egi impiè, à Deo meo.

Omnia enim judicia ejus in conspectu meo : * et præcepta ejus non amovi à me.

Et ero perfectus cum eo : * et custodiam me ab iniquitate meâ.

Et restituet mihi Dominus secundùm justitiam meam : * et secundùm munditiam manuum mearum in conspectu oculorum suorum.

Cum sancto sanctus eris: * et cum robusto perfectus.

Cum electo electus eris: * et cum perverso perverteris.

Et populum pauperem salvum facies : * oculisque tuis excelsos humiliabis.

Quia tu lucerna mea, Domine : * et tu, Domine, illuminabis tenebras meas.

In te enim curram accinctus : * in Deo meo transiliam murum.

Deus, immaculata via ejus, eloquium Domini igne examinatum : * scutum est omnium sperantium in se.

Quis est Deus præter Dominum : * et quis fortis præter Deum nostrum ?

Deus qui accinxit me fortitudine : * et complanavit perfectam viam meam.

Coœquans pedes meos cervis, * et super excelsa mea statuens me.

Docens manus meas ad prælium, * et componens quasi arcum æreum brachia mea.

de mes mains, parce que j'a marché en sa présence.

Oui, Seigneur, vous sere saint avec les saints, et parfa avec les parfaits.

Vous serez pur avec le purs, vous serez terrible ave les pervers.

Vous sauverez la race de humbles, et vous humiliere l'œil des superbes.

C'est vous, Seigneur, qu faites luire le flambeau qu m'éclaire : vous éclaircire mes ténèbres.

Sous votre garde, ô mo Dieu! je courrai au comba plein de confiance; avec vous je franchirai les remparts.

Les voies de mon Dieu son irréprochables; la parole du Seigneur est pure comme l'o éprouvé par le feu ; il est l bouclier de ceux qui espèren en lui.

Qui est le Seigneur, sinon mon Dieu? et qui est le Fort si ce n'est notre Dieu?

Le Dieu qui m'a revêtu de force, qui a aplani pour mo une voie parfaite.

Il a donné à mes pieds l'agilité des cerfs; il m'a établ sur les lieux élevés.

Il a instruit mes mains au combat; il a armé mon bras d'un arc d'airain.

O mon Dieu ! vous m'avez protégé à l'ombre de votre bouclier : votre miséricorde a multiplié ma vie.

Dedisti mihi clypeum salutis tuæ : * et mansuetudo tua multiplicavit me.

Vous avez agrandi mes pas, et mes pieds n'ont pas chancelé.

Dilatabis gressus meos subtùs me : * et non deficient tali mei.

Je poursuivrai mes ennemis, je les atteindrai, et je ne reviendrai qu'après les avoir vu défaillir.

Persequar inimicos meos, et conteram : * et non convertar donec consumam eos.

Je les briserai, et ils ne pourront se soutenir. Je les abattrai sous mes pieds.

Consumam eos et confringam, ut non consurgant : * cadent sub pedibus meis.

Seigneur, vous m'avez revêtu de force pour la guerre, vous avez courbé mes ennemis devant moi.

Accinxisti me fortitudine ad prælium : * incurvasti resistentes mihi subtùs me.

Vous avez fait fuir devant moi mes ennemis, ceux qui me haïssent, et je les exterminerai.

Inimicos meos dedisti mihi dorsum : * odientes me, et disperdam eos.

Ils crieront, et point de libérateurs ; ils crieront vers le Seigneur, et il ne les entendra pas.

Clamabunt, et non erit qui salvet : * ad Dominum, et non exaudiet eos.

Je les disperserai comme la poussière que le vent emporte ; je les foulerai aux pieds comme la boue des places publiques, et je les écraserai.

Delebo eos in pulverem terræ : * quasi lutum platearum comminuam eos atque confringam.

Vous m'avez délivré des contradictions de mon peuple ; vous m'établirez chef des nations.

Salvabis me à contradictionibus populi mei : custodies me in caput Gentium : * populus quem ignoro, serviet mihi.

Un peuple que je ne connaissais pas me servira ; il a prêté une oreille attentive à ma voix.

Filii alieni resistent mihi, * auditu auris obedient mihi.

Filii alieni defluxerunt,* et contrahentur in angustiis suis.

Mes enfants, devenus rebelles, ont menti contre moi; ils seront resserrés dans leurs étroites retraites.

Vivit Dominus, et benedictus Deus meus, * et exaltabitur Deus fortis salutis meæ.

Que le Seigneur vive donc à jamais! béni soit le Dieu fort! qu'il soit exalté, le Dieu de mon salut!

Deus qui das vindictas mihi, * et dejicis populos sub me.

C'est vous, Seigneur, qui me vengez et qui abattez les peuples à vos pieds; c'est vous qui me délivrez de mes ennemis.

Qui educis me ab inimicis meis, et à resistentibus mihi elevas me : * à viro iniquo liberabis me.

C'est vous qui m'avez élevé au-dessus de mes persécuteurs, qui m'avez arraché au pouvoir du méchant.

Propterea confitebor tibi, Domine, in gentibus : * et nomini tuo cantabo.

Seigneur, je vous rendrai grâce devant les nations, et je chanterai des cantiques à la gloire de votre nom.

Magnificans salutes regis sui, * et faciens misericordiam Christo suo David, et semini ejus in sempiternum.

Célébrant le salut du roi que le Seigneur a choisi, exaltant ses miséricordes sur David son Christ, et sur sa race pour jamais.

Gloria Patri, etc.

Gloire au Père, etc.

*A la station de la Nef, on chante un Motet en musique, s'il n'a pas été chanté à la Brèche.*

*En entrant dans le Chœur, on chante l'Antienne suivante :*

Sub tuum præsidium confugimus, sancta Dei genitrix, nostras deprecationes ne despicias in necessitatibus, sed à periculis cunctis libera nos semper, Virgo gloriosa et benedicta.

Nous avons recours à votre protection, sainte Mère de Dieu : ne méprisez pas les prières que nous vous adressons dans nos besoins ; mais délivrez-nous sans cesse de tous les dangers, ô Vierge comblée de gloire et de bénédictions.

℣. Sainte Mère de Dieu, priez pour nous,

℟. Afin que nous devenions dignes des promesses de Jésus-Christ.

℣. Ora pro nobis, sancta Dei genitrix,

℟. Ut digni efficiamur promissionibus Christi.

PRIONS.

Dieu de bonté, accordez à notre faiblesse le secours de votre grâce : et comme nous honorons la mémoire de la sainte Mère de Dieu, faites que par le secours de son intercession, nous puissions nous relever de nos iniquités; Par N.-S. J.-C.

OREMUS.

Concede, misericors Deus, fragilitati nostræ præsidium, ut qui sanctæ Dei genitricis memoriam agimus, intercessionis ejus auxilio à nostris iniquitatibus resurgamus. Per eumdem.

## A LA MESSE.

(Rit Solennel-Mineur.)

(*Extrait du Missel de Chartres imprimé en* 1782.)

INTROÏT.

Le Seigneur a dit : Je protégerai cette ville, et je la sauverai, pour ma propre gloire et en faveur de mon serviteur David. *Ps*. Dieu est notre refuge et notre force : c'est lui qui nous assiste dans les grandes afflictions qui nous ont enveloppés. Gloire au Père. Le Seigneur.

INTROITUS.

Hæc dicit Dominus : Protegam civitatem istam, ut salvem eam propter me, et propter David servum meum. *Ps*. Deus noster refugium et virtus : adjutor in tribulationibus quæ invenerunt nos nimis. Gloria. Hæc dicit.

COLLECTE.

Prions. Nous vous en prions, Seigneur, protégez cette ville, par le rempart inexpugnable de votre puis-

COLLECTA.

Oremus. Inexpugnabili muro tuæ potentiæ, quæsumus, Domine, Civitatem istam ab omnibus inimicorum insidiis defende ; et meritis beatæ Mariæ Virginis nos in vinculo pacis unitos, ad cœlestem patriam transferre digneris; Per Dominum.

sance, contre les embûches de tous ses ennemis; et daignez, par les mérites de la Bienheureuse Vierge Marie, nous unir tous ici-bas dans les liens de la paix et nous conduire un jour à la céleste patrie. Par N.-S. J.-C.

EPITRE.

Lectio libri Judith. Cap. 13.

BENEDICTA es tu, filia, à Domino Deo excelso, præ omnibus mulieribus super terram. Benedictus Dominus, qui creavit cœlum et terram, qui te direxit in vulnera capitis principis inimicorum nostrorum : quia hodie nomen tuum ita magnificavit, ut non recedat laus tua de ore hominum, qui memores fuerint virtutis Domini in æternum.

GRADUALE. Tu gloria Jerusalem, tu lætitia Israël, tu honorificentia populi nostri. ℣. Benedixit te Deus in virtute suá, quia per te ad nihilum redegit inimicos nostros.

TRACTUS. Deus, auribus nostris audivimus, patres nostri annuntiaverunt nobis opus, quod operatus es in diebus eorum, et in diebus antiquis. Salvasti enim nos de affligentibus nos,

Lecture du livre de Judith. Ch. 13.

MA fille, tu es bénie par le Seigneur, le Dieu très-haut, au-dessus de toutes les femmes de la terre. Béni soit le Seigneur, qui a créé le ciel et la terre, et qui t'a conduite pour frapper la tête du prince de nos ennemis : car il a tellement glorifié aujourd'hui ton nom, que ta louange ne cessera pas dans la bouche des hommes qui se souviendront de la puissance du Seigneur.

GRADUEL. Vous êtes la gloire de Jérusalem, la joie d'Israël, l'honneur de votre peuple. ℣. Le Seigneur vous a bénie, il vous a soutenue de sa force, et il a renversé par vous tous nos ennemis.

TRAIT. Seigneur, nous avons entendu de nos oreilles, et nos pères nous ont raconté ce que vous avez fait de leur temps et dans les jours anciens. C'est vous qui nous avez sauvés de ceux qui nous affligeaient, et qui avez confondu ceux qui étaient animés de haine contre nous. Ce sera toujours en Dieu que nous mettrons notre gloire.

et odientes nos confudisti. In Deo laudabimur in seculum.

Suite du saint Evangile selon saint Luc, ch. 1.

Sequentia sancti Evangelii secundum Lucam, cap. 1.

En ce temps-là, Elisabeth fut remplie du Saint-Esprit, et élevant sa voix, elle s'écria : Vous êtes bénie entre les femmes, et le fruit de votre sein est béni. Et d'où me vient ce bonheur, que la mère de mon Sauveur vienne vers moi! Car votre voix n'a pas plus-tôt frappé mon oreille, lorsque vous m'avez saluée, que mon enfant a tressailli de joie dans mon sein. Et vous êtes bienheureuse d'avoir cru, parce que ce qui vous a été dit de la part du Sauveur, sera accompli. Alors Marie dit : Mon ame glorifie le Seigneur, et mon esprit est ravi de joie en Dieu, mon Sauveur, parce qu'il a regardé la bassesse de sa servante ; et désormais je serai appelée bienheureuse dans la succession de tous les siècles. Car il a fait en moi de grandes choses, lui qui est tout-puissant, et de qui le nom est saint.

In illo tempore ; Repleta est Spiritu sancto Elisabeth, et exclamavit voce magnâ , et dixit : Benedicta tu inter mulieres, et benedictus fructus ventris tui. Et unde hoc mihi, ut veniat mater Domini mei ad me ? Ecce enim, ut facta est vox salutationis tuæ in auribus meis, exultavit in gaudio infans in utero meo. Et beata, quæ credidisti, quoniam perficientur ea, quæ dicta sunt tibi à Domino. Et ait Maria : Magnificat anima mea Dominum ; et exultavit spiritus meus in Deo salutari meo ; quia respexit humilitatem ancillæ suæ : ecce enim ex hoc beatam me dicent omnes generationes ; quia fecit mihi magna qui potens est, et sanctum nomen ejus.

Offertoire. Tout le peuple vint après la victoire adorer le Seigneur, et tous offrirent

Offertorium. Omnis populus post victoriam venit adorare Dominum ; et obtulerunt omnes holocausta, et vota, et repromissiones suas.

leurs holocaustes, et s'acquittèrent de leurs vœux et de leurs promesses.

Secreta. Sacrificium pro collatis nobis, intercessione beatæ Dei Genitricis, beneficiis, tibi, Domine, offerentes, suppliciter exoramus, ut Civitatem nostram, sacratissimumque Templum ab omni infesto casu tuearis, civesque in perpetuâ pace et fide verâ custodias; Per eumdem.

Secrète. En vous offrant ce sacrifice pour les bienfaits que vous nous avez accordés par l'intercession de votre Bienheureuse Mère, nous vous conjurons, Seigneur, de mettre à tout jamais notre Ville et son Temple très-saint à l'abri de tout accident funeste, et de maintenir tous les citoyens dans une paix constante et dans la véritable foi : Par le même J.-C. N.-S.

Præfatio de Beata Maria.... *Et te in veneratione Beatæ Mariæ semper Virginis*, etc.

Préface de la Ste Vierge.

Communio. Dies autem victoriæ hujus festivitatis in numero sanctorum dierum accipitur, et colitur ex illo tempore usque in præsentem diem.

Communion. Or, le jour de cette victoire a été mis au rang des saints jours, et depuis ce temps jusqu'au nôtre il n'a cessé d'être honoré comme un jour de fête.

POSTCOMMUNIO.

Oremus. Divinis refecti muneribus, et ab hostium formidine, beatæ Mariæ Virginis protectione liberati, te, Domine, deprecamur, ut nostras gratiarum actiones benignè suscipias, nobisque mutuam caritatem et in tuo servitio perseverantiam largiaris; Per Dominum nostrum.

℟. Amen.

POSTCOMMUNION.

Prions. Consolés par les bienfaits du ciel, et délivrés de la fureur des ennemis par la protection de la Bienheureuse Vierge Marie, nous vous prions, Seigneur, d'accueillir avec bonté nos actions de grâces, et de nous accorder une charité mutuelle et la persévérance dans votre saint service : Par N.-S. J.-C.

℟. Ainsi soit-il.

# ORAISONS

## POUR LA VILLE DE CHARTRES.

(*Extraites du Missel imprimé en* 1782.)

COLLECTE.

PRIONS. Daignez, Seigneur, nous vous en supplions, environner cette ville de Chartres de l'inexpugnable rempart de votre puissance contre toutes les embûches de ses ennemis; et, comme de toutes les villes des Gaules elle est la première que, pour l'honneur de la glorieuse Vierge votre Mère, vous ayez daigné instruire du mystère de votre Incarnation; veuillez encore, par les mérites de cette même Vierge, la conduire unie du lien de la paix à la Jérusalem céleste; vous qui vivez, etc. Ainsi soit-il.

COLLECTA.

OREMUS. Inexpugnabili muro tuæ potentiæ, quæsumus, Domine, Civitatem istam Carnotensem ab omnibus inimicorum insidiis defende: et quam in honorem Matris tuæ Virginis primam apud Gallos de mysterio tuæ Incarnationis instruere voluisti, meritis ejusdem Virginis in vinculo pacis unitam ad cœlestem Jerusalem transferre digneris; Qui vivis. Amen.

SECRÈTE. Recevez avec bonté, Seigneur, ce Sacrifice que nous offrons à votre Majesté pour la sécurité de nos murs; que votre main, qui délivra Béthulie assiégée par Holopherne, mette à couvert de tout danger la ville de prédilection de la bienheureuse Vierge Marie, et daigne la maintenir dans une paix inaltérable. Par J.-C. N.-S.

SECRETA. Sacrificium Domine, pro nostrâ securitate majestati tuæ oblatum benignus assume: et qui Bethuliam ab Holophernis obsidione liberasti, peculiarem beatæ Mariæ Virginis Urbem ab omni periculo securam in perpetuâ pace conservare digneris; Per Dominum.

Postcommunio. Civitatis hujus incolas, Domine, quæsumus, ab omni dissensione sub tuâ protectione defende : ut sicut beatæ Mariæ Virginis patrocinio in præterito se à periculis ereptos confitentur, itâ meritis ejus in futuro securi permanentes, sempiternam expectent beatitudinem ; Per.

Postcommunion. Nous vous en supplions, Seigneur, préservez de toute discorde les habitants de cette Ville, à l'ombre de votre protection ; et comme ils se reconnaissent pour le passé redevables de leur délivrance à la faveur de la Bienheureuse Vierge Marie ; que pour l'avenir, établis par ses mérites dans un doux repos, ils attendent avec sécurité la béatitude éternelle. Par J.-C. N.-S.

# MOTETS.

# I.

## PRO LIBERATA URBE CARNOTENSI

*Modulus.*

Ad arma ! Cives, ad arma !
Hostis habet muros,
Furit undique manus impiorum,
Horret late strages ;
Ad arma ! Cives, ad arma !

Usquequo, MARIA,
Oblivisceris nos?
Locum tuum desolaverunt impii ;
Posuerunt carnes tuorum bestiis terræ :
Accendatur zelus tuus,
Disperde illos in ira tua,
Et innotescat in gentibus
Ultio sanguinis qui effusus est :
Pereant hostes
Interitu quem fecerunt.

Audimur. Deus pro nobis.
En fugit hostis,
Et ruit confusus :
Terror MARIÆ invasit eos.
Amemus eam,
Et viventes cantemus
Virtutes ejus.

(Recueil de Bourcy. A Chartres, chez Estienne Massot, 1693.)

# I.

## POUR LA DÉLIVRANCE DE LA VILLE DE CHARTRES.

*Motet.*

ARMEZ, peuples, armez vos bras !
De nos fiers ennemis les nombreuses cohortes
Environnent nos murs, s'emparent de nos portes :
Le carnage, et l'horreur suivent partout leurs pas :
Armez, peuples, armez vos bras !

Sommes-nous pour jamais hors de vôtre mémoire,
Vierge Sainte ? Venez défendre vôtre gloire !
Venez nous secourir ! Dê-jà ces inhumains
Portent sur vos Autels leurs sacrilèges mains.
Vos fidelles sujets, privez de sépulture,
Des chiens et des oyseaux ont esté la pâture.
Dans nos maux soyez nôtre appuy,
De ces méchans punissez l'insolence ;
Que la terre aprenne aujourd'huy,
Que vous sçavez tirer vengeance
Du sang qu'a répandu leur jalouse fureur;
Que des fers, dont ils ont opprimé l'innocence,
Ils ressentent toute l'horreur.

Nos vœux sont écoutez. Dieu prend nôtre défence.
Nôtre ennemy reconnoît son erreur,
Confus, persecuté, vaincu sans résistance,
Dans sa promte retraite il met son esperance,
MARIE a de son nom répandu la terreur,
Chantons, célébrons sa puissance,
Qu'elle regne toûjours au fond de nôtre cœur.

# II.

## PRO LIBERATA URBE CARNOTENSE

*Modulus.*

EXURGAT MARIA : et dissipentur inimici ejus.

Ecce venerunt gentes in hæreditatem tuam, ut pollue-rent Templum sanctum tuum.

Ecce quasi nubes ascendunt : et, quasi tempestas curru eorum.

Circumdederunt nos dolores mortis. Jam vastati sumus. Jam devorat nos gladius impiorum.

Exurge, MARIA, et vindica causam tuam.

Ne detur hæreditas tua in opprobrium, salvos fac servos tuos sperantes in te.

Vexilla MARIÆ prodeunt : fugite, cedite impii, fugite cadite, occumbite, dissipamini.

(Recueil de Bourcy. A Chartres, chez Estienne Massot, 1693.

## II.

### AUTRE MOTET

### POUR LA DÉLIVRANCE DE LA VILLE DE CHARTRES.

Que Marie en nos maux prenne nôtre défence :
Que ses fiers ennemis cedent à sa puissance :
Qu'ils soient tous dispersez d'un seul de ses regards.
Un vain espoir flatte leur rage :
On les a veus voler de toutes parts,
Et venir ravager vôtre saint héritage.

On les a veus comme un épais nuage
De soldats furieux entourer nos ramparts.
Ainsi que la tempeste ils conduisoient leurs charts,
Que devoit honorer nôtre triste esclavage.

Les craintes de la mort nous ont environnez ;
Dê-jà de leur fureur objets infortunez,
Nous avons ressenty les horreurs du carnage,
Où ces méchans nous avoient destinez.

Ne leur permettez pas le cruel avantage
De soüiller vos Autels, d'accabler vos sujets,
Qui sur vôtre pouvoir ont mis leur espérance.
Vierge sainte, venez. Que votre délivrance
Détruise tous leurs vains projets.

L'Etendart de Marie a chassé nos alarmes,
Il a de nos dangers dissipé les horreurs.
Fuyez, cédez, cruels : que vos funestes armes
Ne servent qu'à punir vos aveugles fureurs.

---

## III.

### PRO LIBERATA DIVINITUS URBE CARNOTENSI.

*Modulus.*

Plangite Cives,
Scindite corda,
Lamentamini :
Non in armis,
Non in virtutis abundantia salus.
Ad Templum,
Ad vota,
Ad preces,
Ad Mariam properate.
Funditur quasi tempestas furor impiorum.
Vox rotarum impetûs,
Vox micantis gladii,
Vox multitudinis interfectæ,
Et gravis ruinæ.
Confortare, surge,
Mirare in subitatione
Insperatæ salutis,
Exulta, lauda, electa Civitas,
Tandem exaltata est manus Mariæ ;
Indignatio ejus
Ut ignis effusa est,
Et hostis disperditur
Ut pulvis
Turbine raptus in area :
Exulta, lauda, electa Civitas.

## III.

### SUR LA DIVINE DÉLIVRANCE DE LA VILLE DE CHARTRES.

*Cantate.*

Peuples, dans ces tristes allarmes,
Qu'un profond repentir fasse couler vos pleurs,
Abbandonnez vôtre ame aux plus vives douleurs,
N'ayez point de recours aux armes;
Que pourroit la valeur en ce peril affreux?
Implorez l'appuy de Marie,
Allez dans son saint Temple, allez former des vœux :
Les méchans contre vous déchaînent leur furie,
On entend le bruit de leurs chars :
On voit par tout briller la pointe de leurs dards.
Dé-jà de leur fureur victimes innocentes,
Nos combattans sur nos remparts
Poussent des plaintes impuissantes,
La mort regne de toutes parts.
Rasseurez-vous : le Ciel a pris vôtre défense,
De vos cruels vainqueurs il arrête le cours;
Admirez un si prompt secours.
Il surpasse vôtre esperance.
Peuples, Celebrez en tout lieux,
Qu'en ce jour la Reine des Cieux,
Des méchans punit l'insolence.
Ainsi qu'on voit des vents les bruyans tourbillons,
Faire en nos champs voler la poudre,
De son juste courroux l'inévitable foudre
Dissipe en un moment leurs nombreux Bataillons.

(De l'imprimerie d'Estienne Massot, 1694.)

---

## IV.

### IN COMMEMORATIONE BEATÆ MARIÆ VIRGINIS PRO VICTORIA ET LIBERATIONE URBIS AB OBSIDIONE AN. M. D. LXVIII.

---

### AD STATIONEM.

MODULUS.

---

*Recitat.*

*Duo.* SOLVE Deo vota tua, Urbs fidelis :
Redde Nato, redde Matri
Grates pro beneficio,
Quod per Matrem à Filio
Accepisti :
Solve Deo vota tua, Urbs fidelis.

*Chorus.*

Coge cœtum, congrega populum :
Voca sanctos et electos :
Clero junge civem clarum :
Simul in unum dives et pauper,
Sexus omnis, omnis ætas,
Age, curre Civitas :
Canta, lauda, pange, plaude,
Dei tui annuntia
Prædicationes in portâ.

*Quatuor.* *Omnis ætas.*

Benedictus Deus, qui non amovit orationem nostram,
Et misericordiam suam à nobis.

*Urbs Carnotensis.*

Protector meus, cornu salutis meæ,
Liberator in tempore tribulationis et angustiæ,
Auxiliatus es mihi in bello :
Confortasti seras portarum mearum,
Et impiam multitudinem fugasti.

Sic psalmum dicam nomini tuo magno ;
Ut reddam vota mea de die in diem ,
In sæculum et in sæculum sæculi.

*Chorus.*

Psalmum dicemus nomini tuo magno :
Ut reddamus vota nostra de die in diem,
In sæculum et in sæculum sæculi.

(Excudebat Andreas Nicolazo. 1705.)

---

## V.

### IN COMMEMORATIONE BEATÆ MARIÆ VIRGINIS PRO VICTORIA ET LIBERATIONE URBIS AB OBSIDIONE ANNI M. D. LXVIII.

*Modulus.*

Ad arma, Cives, bellicus insonat
Clangor tubarum, mœnia funditus
Quassata tormentis fatiscunt,
Jamque avidus tenet Hostis Urbem.

Sed quid pavemus? Sacra Dei parens
Suos tuetur; conteret Hostium
Turmas ruentes, sicut anguis
Virgo caput pariendo fregit.

En ordinato Marte ferocior
Maria pugnat; cernite, barbaros
Invicta debellat furores,
Inque suis sedet ipsa muris.

## V.

### POUR LA FÊTE
### DE
### NOTRE-DAME DE LA BRÈCHE.

*Hymne.*

CITOYENS, courons aux armes !
Le bruit guerrier des clairons,
Portant partout les allarmes,
Retentit aux environs.
Sous le bronze des batailles,
Je vois déjà nos murailles
Qui chancèlent.... ô douleur !
Les sacrilèges cohortes
Déjà franchissent nos portes
Semant la mort et l'horreur.

Mais appaisons nôtre crainte,
Espérons mieux pour ce lieu ;
Quelqu'un en garde l'enceinte :
Ah ! c'est la Mère de Dieu.
Cette puissante Patrone
Par l'éclat qui l'environne,
Que sur eux elle répand ,
Rend leur défaite certaine,
Comme elle a brisé sans peine
La tête du vieux serpent.

Son regard est plus terrible
Que cent bataillons rangéz ,
Et son bras est invincible :
Nous serons bientôt vangez.
Voyez comme sa puissance
Rend vaine leur résistance,
Et réprime leurs fureurs ;
Comme sur ses murs assise,
Elle rompt leur entreprise,
Et glace d'effroy leurs cœurs.

Cur hic moraris, Principis impii
O cæce Miles? verte retrò gradum;
Almam Dei quisquis parentem,
Nonne Deum superare tentat?

Quantus Triumphus! Quantaque gloria!
Sternuntur hostes : hanc memores diem
Cives honorent, ac perenni
Lætitiâ celebrent in ævum.

Sit summa Patri, summaque Filio,
Sanctoque compar gloria Flamini :
Laus Trinitati, quæ superbos
Christiparâ duce dissipavit.

(Excudebat Andreas Nicolazo, Typographus, 1713).

---

Qu'attends-tu d'un Prince impie,
Soldat aveugle et cruel?
Ne vois-tu pas que Marie
Te porte le coup mortel?
Cesse, cesse ta poursuite;
Mets ton salut dans la fuite,
Et connois en cet instant,
Qu'attaquer la Vierge Mere
Que dans ce lieu l'on révere
C'est braver le Tout-puissant.

Quel triomphe! quelle gloire!
Nos ennemis sont vaincus.
Chers Citoyens, la victoire
Est à nous, n'en doutons plus.
Qu'une pieuse allégresse
Succède à nôtre tristesse,
Et que de ce jour heureux
La memoire précieuse
Par une Feste pompeuse
Soit transmise à nos neveux.

Gloire à jamais soit au Père,
Au Fils, à l'Amour divin,
Trinité, dont le Mystère
Se dérobe à l'esprit vain,
Qui dans ce grand jour terrasse
De nos ennemis l'audace
Par celle, que sa pudeur,
Son humilité profonde
Fit choisir pour mettre au monde
Jésus nôtre Redempteur.

## VI.

### PRO VICTORIA ET LIBERATIONE URBIS AB OBSIDIONE ANNI M. D. LXVIII.

*Recit.*

Heu Domine Deus,
Recordare quid acciderit nobis,
Intuere et respice.
Defecit gaudium cordis nostri,
Versus est in luctum Chorus noster,
Væ, væ nobis, quia peccavimus.

*Recit.*

Completi sunt dies nostri,
Quoniam erectus est impius hostis,
Præcipitavit mœnia Civitatis nostræ,
Dissipavit munitiones ejus.

*Duo.*

Væ, væ nobis, quia peccavimus.

*Chorus.*

Non crediderunt Reges terræ,
Et universi habitatores orbis,
Quoniam ingrederetur hostis et inimicus per portas!
Væ, væ nobis quia peccavimus.

*Recit.*

O Domine, cui semper placuit humilium deprecatio,
Vide fletus,

## VI.

### SUR LA LEVÉE DU SIÈGE MIS DEVANT CHARTRES EN L'ANNÉE 1568.

*Version.*

GRAND Dieu, jette sur nous un regard favorable,
Voi ce qui nous est arrivé ;
Quel peuple a-t-on jamais trouvé
Dans un état plus déplorable ?
Nos cœurs sont abbattus sous la crainte des fers,
Les larmes, les soupirs succedent aux concerts,
Nos plaisirs sont changez en de cruelles peines :
Mais que tes jugemens sont remplis d'équité !
Si l'on nous prepare des chaînes,
Nos péchez l'ont bien merité.

Ah ! c'en est fait, l'ennemi nous foudroie ;
L'image de la mort paroît de toutes parts,
On ruine tous nos remparts ;
D'un insolent vainqueur nous deviendrons la proie,
De mortelles douleurs notre cœur est touché ;

Malheur à nous, car nous avons péché.

Rois, Peuples, l'eût-on crû, que d'impies cohortes
Viendroient impunément nous braver à nos portes ?
Tu vois nos maux, Seigneur, à qui rien n'est caché :
Mais nous les meritons, car nous avons péché.

Bien qu'un mortel ne soit que cendre et que poussière,
Avec plaisir, grand Dieu, tu reçois sa prière.
S'il est humble et contrit tu l'écoutes toujours,

Audi suspiria,
Et exaudi præsumentes de tuâ misericordiâ.

*Recit.*

Vidit Dominus afflictionem vestram,
Et clamorem vestrum audivit;
Liberavit vos de manibus inimicorum,
Sed in hâc vice vobis non reputabitur victoria;
Quia in manu fœminæ,
In manu Mariæ
Longè fugabitur hostis.

*Chorus.*

Reputetur Mariæ victoria,
Prælietur prælia nostra,
Semperque triumphet :
Hìc et in æternum læti cantabimus laudes ejus
et victoriam.

(E Typographiâ Michaelis Tiger. 1716.)

Exauce nos soupirs, sois touché de nos larmes,
Car nous n'esperons pas en la force des armes,
Nous n'esperons qu'en ton secours.

Chartrains, rassurez-vous, banissez toutes craintes,
Le Ciel est sensible à vos plaintes;
Bien-tôt vos fiers ennemis
Vous cederont une entiere victoire :
Mais n'en tirez pour vous aucune gloire :
Un autre bras les a soumis,
Une Vierge feconde et pure,
MARIE, en qui la grace a vaincu la nature,
Vous rend la vie avec la liberté.

Celebrez son triomphe, et chantez ses louanges :
Chantons, et supplions la divine bonté
Qu'un jour, unis aux Chœurs des Anges
Nous les chantions pendant l'éternité.

## Auteurs et Ouvrages cités dans cette Notice.

MANUSCRITS.

Souchet; Histoire de Chartres. *Ms. de la Bibl. de la ville.*
Challine; id. *Id.*
Pintard; id. *Id.*
Bouvet-Jourdan; id. *Id.*
Registres capitulaires de N.-D. *Id.*
Inventaire des titres du Chap. de N.-D. *Ms. des Arch. du dép.*
Fondations et Processions. *Id.*
Registres capitulaires de Saint-André. *Id.*
Inventaire du Chap. de Saint-André, 1790. *Id.*
Registres capitulaires de Saint-Père. *Id.*
Registres de la ville. *Mss. des Archives de la Mairie.*
Titres de la propriété, *déposés aux Archives de N.-D.*

IMPRIMÉS.

Rouillard; Parthenie ou Histoire, etc.
Nicolas Le Febure, frère prescheur; Agematologie ou Discours, etc.
L. d'Estampes de Valençay; Missale Carnot, 1624.
F. de Neufville de Villeroy; Misale et Breviarium Carnot., 1669, 1661.
C. de Monstiers de Mérinville; Livre d'Office, etc., 1738.
J.-B. de Lubersac; Missale Carnot., 1782.
Id. Processionnal propre à l'usage de la Cathédrale, 1788.
P. Bourcy; Recueil de Motets, dédié à Mme de Maintenon, 1695.
Doyen; Histoire de Chartres.

www.ingramcontent.com/pod-product-compliance
Ingram Content Group UK Ltd.
Pitfield, Milton Keynes, MK11 3LW, UK
UKHW022133190726
13855UKWH00003B/1130

9 782013 059282

# DE L'ACIDE PHÉNIQUE

## de ses dissolutions aqueuses

ET DU

# PHÉNOL SODIQUE

ACIDE PHÉNIQUE SOLUBLE, ANTI-PUTRIDE, CAUTÉRISANT, ANTI-SCORBUTIQUE, ANTI-ÉPIDÉMIQUE, INSECTICIDE ET HÉMOSTATIQUE.

---

DE LEURS APPLICATIONS :

à l'Hygiène, à la Thérapeutique, à l'Industrie et à l'Agriculture, etc.

---

## GUÉRISON PROMPTE & ÉCONOMIQUE

**Des Brûlures, Engelures, Coupures, Blessures, Varices, Plaies et Ulcères de toutes sortes; des Piqûres d'insectes et Morsures venimeuses; des Maladies de la peau, etc., etc., etc.**

DESTRUCTION DES MIASMES, FERMENTS, MAUVAISES ODEURS, ETC.

---

## PRÉSERVATION DES ÉPIDÉMIES

HYGIÈNE ET ASSAINISSEMENT

**Des lieux publics et privés, des Navires, Écuries, Étables, Poulaillers, etc.**

---

GUÉRISON DES MALADIES

DES

## CHEVAUX, BŒUFS, MOUTONS, CHIENS, VOLAILLES, ETC.

**Telles que : Brûlures Plaies, Ulceres, Dartres, Malandres, Couronnement, Démangeaisons, Échauffement ou pourriture de la fourchette, Gale, Farcin, Javart. Crapaud, Gangrene, Charbon, Typhus, Piétin, Maladies vermineuses, Vivrogne ou noir museau, Aphtes, Tumeurs, Blanc, etc**

Suivi du texte des brevets pris en 1857 et en 1858, pour les applications industrielles, hygiéniques, etc., de l'Acide phénique, de ses dissolutions et de ses sels,

Ainsi que d'un *Mémoire* adressé à M. le Président de la *Société impériale et centrale d'agriculture* au sujet d'une communication à elle faite par M. le docteur JULES LEMAIRE,

PAR P.-A.-F. BOBŒUF

LAURÉAT DE L'INSTITUT

Pour l'emploi des produits de la distillation de la houille et pour avoir constaté l'EFFICACITÉ DU PHÉNOL (acide phénique)

---

**PRIX : 1 FR. 50 C.**

---

A PARIS

A LA LIBRAIRIE DU *PETIT JOURNAL*

21, Boulevard Montmartre, 21

Chez tous les libraires de Paris et de la Province

**Et au dépôt central du Phénol-Bobœuf**

9, RUE BUFFAULT, 9.